客庄生活
影像故事

看見 北埔

見埔

鄧南光

鄧南光
攝影

古少騏
撰文

讓大家看到客家

影像紀錄是文化傳播的重要工具，代替人類有限的視覺，在不同的時代見證社會各個階層的發展，從而引發人們對於過去的歷史文化有更深一層的探索與感動。

從前輩客籍攝影家鏡頭下的精采畫面，尤其是 1930 年代到 1960、70 年代間，鄉土紀實攝影極盛時期的作品，不僅讓我們得以窺見早期台灣客家的歷史足跡，體會客家文化的傳世價值與質樸精神，同時也提供研究台灣攝影史發展脈絡的寶貴資源。

本會「客家文化發展中心」，在其前身籌備處階段，即持續推動「20 世紀（1975 年之前）臺灣客籍攝影家調查暨數位典藏計畫」，並將其內容延伸為出版成果。首先推出「客庄生活影像故事」系列叢書，蒐錄了包括：鄧南光、李秀雲、劉安明、李增昌、張阿祥及硬頸攝影群等多位具代表性的客籍攝影家的數百幅影像作品。

這些泛黃而珍貴的「老照片」，透過多位優秀文史工作者的深度詮釋，與專業編輯團隊的企劃整編，無形中為昔時客庄生活影像，做了一次精采的圖文呈現。不僅提供了觀照客家的最佳視野，也足堪為最好看的文化資產。

欣見「客庄生活影像故事」問世，讓讀者既能瞭解攝影家的傳奇生平，又可感受攝影家對人、對土地，以及對生活的深情注目，進而尊敬他們堅持不懈的創作態度。

期許本叢書的出版，能夠全面展現客家豐富且多元的面貌，讓大家看到客家！

行政院客家委員會 主任委員

黃玉振 謹誌

凡例

1. 本叢書主要影像作品源自「行政院客家委員會客家文化發展中心」於其籌備階段時所推動之「20世紀（1975年之前）臺灣客籍攝影家調查暨數位典藏計畫」，並經攝影家本人或其代表人同意授權出版。

2. 本叢書之架構，主要包含：導論、影像作品解讀、攝影家年表、圖版索引等幾個部分。

3. 本叢書文圖版面之設計，以右頁影像作品、左頁詮釋文本為原則；當影像為連續性主題者，則以多頁集錦連作之版面呈現。詮釋文本之主標下方特別標示影像拍攝之年代與地點。與影像及詮釋文本有關之對照圖、歷史文獻、特別解說，則視內容需要穿插呈現。

4. 部分影像作品由於拍攝年代較早，或收藏條件之限制，以致出現髒點、霉斑或刮痕等情形，實非攝影家創作之原貌，因此為儘量呈現畫面的完整性，且兼顧視覺的美感，而適度加以修補圖像。唯有少數影像受損程度甚難改善，但因拍攝內容極具意義，值得進一步解讀，仍保留現況選入書中。

5. 為呼應本叢書彰顯客家生活文化的題旨，內文主標在遣詞用字上，亦儘量表現客語之趣味，常見者如：華語「的」作客語「个」、「是」作「係」，「和」作「摎」或「同」、「我」作「𠊎」、「他」作「佢」、「母」作「姆」、「要」作「愛」、「挑」作「核」、「小孩」稱「細人（仔）」、「一次」為「一擺」、「一起」為「共下」等等。其他使用到的客語字詞，則於內文視情況以括弧加註、註釋等方式解釋字義與用法。為方便閱讀，註釋採「隨頁註」形式，直接放在正文之後，但以明顯較小的字體與之區隔。

6. 客語之用字，以教育部「臺灣客家語常用詞辭典」為優先參照版本，四縣腔（南、北）、海陸腔若有不同用字，則依照影像拍攝之地域而選擇運用。客家語之音標，主要亦參照教育部「臺灣客家語常用詞辭典」，以調值（阿拉伯數字）標示音調，調值一般採上標，本叢書考慮字體較小時恐讀者不易辨識，因此未作上標，而以等大的數字直接置於拼音字母後，標音以特殊且從字面不易判讀音義的字為優先，如浮菜 po55 coi11，而如做大戲、食涼水等容易判讀者，則不另外加註音標。本書音標以海陸腔標示。

7. 內文之歷史時代分期，以「清代」、「日本時代」、「光復後」為標示原則。年代標示以西曆為主，除了清代紀年以括弧加註之外，不另標示日本時代、光復後至今之紀年。

8. 中文之通同字，使用現今通行之較為簡化者，如金額之「圓」作「元」、「佔」作「占」、「份」作「分」等。關於罕用字「蕃」，本叢書也改成現行通用的「番」，即使是專有名詞（如「蕃」童教育所）也不例外，以避免因混用而造成的困擾。此外，為尊重歷史用語，並顧及語詞意義的完整傳達，不可避免地使用「番地」、「番社」等辭彙，並非有歧視之意。

目次

3	**主委序 讓大家看到客家**	72	大士爺
4	**凡例**	74	大豬公來了
8	**導論 生趣人生，影如其人** 鄧南光的微笑快門	76	準備入廟
		78	獻午供
		80	神豬
20	故鄉北埔	82	獻午供个下晝
22	接媽婆	84	吊棧
24	媽婆入廟		
26	媽婆安座	86	家族面貌
28	領調獻眾	88	新姜个婦人家
30	起燈篙，放水燈	90	新姜主母鄧登妹
32	水燈牌	92	大伯姆
34	北埔上街	94	家族大和解
36	北埔下街	96	潘屋討親
38	撐獅仔	98	牽新娘
40	大士爺前看大戲	100	新娘上車
42	謝平安	102	討餔娘
44	做大戲	104	嬰兒洗身
46	看大戲	106	使女阿林姊
48	食涼水	108	柑園
50	打拳頭賣膏藥	110	山肚佃農
52	食便利粉	112	姜瑞昌全家福
54	食點心	114	餞別
56	走唱	116	出征
58	射輪盤	118	筧仔下出竹東
60	食飯包	120	行祭
62	大地動以後	122	準備出門
64	小市集	124	抬重
66	大家个義民爺	126	還山
68	義民廟做中元	128	歕笛仔
70	義民之子姜振驤	130	擎花圈

132 還山叩謝
134 擎輓聯
136 簡單大葬
138 掛紙

140 農庄風情
142 核娘婆
144 農家
146 留種
148 蝦公筍
150 陂塘脣个老屋
152 過竹橋
154 伯公
156 掌牛
158 耕種人
160 割禾
162 機器楻
164 牛起番蠻
166 水車
168 鮮鮮河水
170 洗衫坑
172 河壩洗衫
174 茶山
176 過茶秧
178 摘茶細妹
180 膨風茶園
182 鍘茶
186 焙茶
188 日東紅茶
190 細人仔渡細人仔
192 細人牽大牛

194 牛搵窟
196 歕水波
198 孩水
200 拈番薯腳
202 剝樹皮
204 大頭鰱
206 晒稈薦
208 蔗擎
210 糖廍
212 載大肥
214 練泥
216 做磚仔
218 缶窯
220 屋蓋頂
222 街路脣
224 獅巖洞

附錄
226 鄧南光年表
228 北埔姜家系譜
229 新姜家族的由來
230 圖版索引
238 後記 轉去老庄頭
239 致謝‧參考書目

生趣人生
影如其人
鄧南光的微笑快門

鄧南光從北埔出發,走向日本,回歸台灣,從一個客家大戶人家子弟,歷練成為台灣攝影界的頭號旗手,深刻影響了台灣的攝影風氣,並留下珍貴重要的文化資產。終其一生,不論身處何處何職,他總維持著一貫的溫婉性格:微微笑著,從容自在,優雅溫暖。

鄧南光,本名鄧騰煇,1908 年出生於新竹北埔,這一年,是日本人統治台灣的第 13 年,也是著名的北埔抗日事件發生的第二年。

鄧南光的家族是北埔著名的新姜家族,他出生和成長的年代,正是家族財勢往上飆升的黃金時期,他在家人對新式教育的重視下,自北埔公學校畢業後,直接赴日就讀中學、預科和大學,總計他在日本停留的時間有 12 年,是四兄弟中留日最久的一位。而一家四兄弟都赴日本求學,在當時並不多見,也可見家族財勢之雄厚。

新興寫實主義的歷練
留日時期 (1924-35)

鄧南光在 1924 年赴日本,就讀於東京的名教中學,這段期間他就已經購買柯達「Kodak Autographic Camera」的雙眼相機,這是台以兩塊玻璃合成簡單的鏡頭,一次只能拍八張底片的 120 大相機,而他之所以會對攝影有興趣,極可能是受到叔叔姜瑞昌的影響。

姜瑞昌在1903年就讀台北的總督府國語學校師範科，當時他加入寫真社團並擁有一台相機，拍下許多北埔風貌和家族照，其中一幅北埔慈天宮廟口人潮的作品曾經在日本獲獎，而現今所見鄧南光孩童時期的相片，就是大叔姜瑞昌所拍攝，姜瑞昌的媳婦黃仁秋也回憶，以前看過公公的玻璃底片，整整一大箱。或許是叔叔喜愛拍照的緣故，鄧南光從小對照相機、拍照、暗房、沖洗這些流程並不陌生，耳濡目染之下，引發了興趣。

鄧南光在攝影之路受到鼓勵，是有一次他帶著柯達老相機和腳架，在酒館裡拜託一位女士當模特兒，沖印後寄給日本的攝影雜誌《Camara》，沒想到竟獲刊登，第一次投稿就獲選，激勵效果非同小可，從此對攝影更加熱切著迷。

就讀法政大學時，徠卡相機的 Leica Ⅰ 在1925年於德國問世後出口到日本，這台使用35釐米底片的相機，底片、尺寸、鏡片組合皆大異於傳統120相機，在東京攝影

◀◀鄧南光大學時期四處獵影，這是他拍攝某次運動賽事的留影。

◀兒時的鄧南光和家人合影，拍照的是大叔姜瑞昌。左起：鄧南光大哥鄧騰芳、二哥鄧騰釪、鄧南光、小叔姜瑞鵬抱著鄧南光弟弟鄧騰駿、姜瑞昌長子姜煥章，大家都還蓄著清代的辮髮。（姜良旭提供）

▲鄧南光大叔姜瑞昌的攝影得獎作品：慈天宮廟口人潮。（姜良旭提供／葉裁收藏）

1932年，鄧南光同小賢 LEICA 中古相机，以 "鄧阿驚嬸" 之本名投稿 日本 "CAMERA" 雜誌，入選取優選。

圈掀起了熱潮。開始著迷於寫真技術的鄧南光，非常想要擁有，屢次向父親要求，但一直無法如願，因為一台徠卡的價錢，相當於留學生十個月的生活花費，可在台北市區買一棟房子。在三番兩次的索求下，終於湊了二千元，在 1929 年購得一部二手的第一代徠卡 Leica A elmar 50mm. f3.5，對比當時台灣日本單程船票僅 70 元，可見其昂貴。

有了新相機，鄧南光馬上與攝影同好乘船到九州南端的島嶼拍攝，沖洗後所表現出的精緻美感，使他從此成了徠卡迷，對相機寶貝異常，為怕遭竊，連睡覺都放在床頭，與它共眠了五年。

每天上學都把相機放在書包裡的鄧南光，藉著它的靈巧，記錄了許多東京街頭的即景，作品連續入選《徠卡寫真雜誌》月刊；在學校社團的趣味攝影展中，他也頻頻參展，而在 1934 年參加上海第一屆國際攝影藝術展，入選為十等獎，對他來說更是莫大的鼓勵和刺激。

1920 到 30 年代的日本，與西方文化的交流快速而頻繁。鄧南光就讀法政大學的 1929 到 35 年期間，日本的攝影風潮受到德、法新觀念的影響，從唯美主義的軟調沙龍，轉變為快拍、速寫現實。新興寫真有如狂潮，席捲日本攝影界、設計界與平面傳媒。在這股大浪潮下，鄧南光帶著他心愛的徠卡，一次次揣摩，奠定了日後的寫實基調。

而新興寫實主義的興起，其實與徠卡的誕生密切相關。這種小型手持相機，在攝影機材史和藝術史寫下革命性的一頁，它底片縮

小、改變觀景窗位置，使眼睛餘光能在拍攝
同時觀察環境；靈巧的機身，擺脫了笨重腳
架的限制，提高即興捕捉的可能，使紀實的
美學形式得以開展，攝影的主題，開始走向
庶民社會。

1931 年，鄧南光奉父母之命，回台與新埔名
人潘成元的女兒潘慶妹成婚。1932 年，長
子世光出生，鄧南光攜妻小返日繼續學業，
1935 年畢業回台。這幾年間，穿著摩登的
鄧南光拍下了淺草電影街、銀座街道、咖啡
廳、前衛的築地劇場等東京現代的一面。同
時，他加入「全日本徠卡協會」，並代表法
政大學攝影社參與「全關東學生寫真聯盟」

◀▲鄧南光第一次投稿就獲刊登的初試啼聲之作「酒館裡的女
郎」，下方的鄧騰輝是他本名，但輝誤植為輝。（鄧世光提供）

◀鄧南光參加各種攝影展獲得的獎章。（古少騏攝）

▲東京街頭的軍隊。
（鄧世光提供）

的成立，作品經常入選攝影展；攝影，幾乎成了他生活的重心。

總結這時期的鄧南光，從使用柯達雙眼大相機的中學生，變成善用小型徠卡捕捉剎那焦點的攝影家。就像他日後在文章裡常引述的日本寫實主義先鋒木村伊兵衛所說：「要把照相機用起來跟自己身體連成一體，照相機要成為自己眼睛或頭腦的延伸」，他宛如街道觀察家，勤於鍛鍊，讓心靈和技巧結合為一。這些作品有許多未曾曝光，有些甚至是他去世後才整理出來，從今天的眼光來看，一系列東京街頭、海水浴場、模特兒、採珍珠的海女等作品，構圖生動，光影講究，人物表情自然，呈現了浪漫、愉悅以及一點點幸福感的生活風情。

淬鍊庶民生活的光影
返台至光復 (1935-45)

回台後的鄧南光，一方面由於日本殖民政策下，高學歷的台灣人謀職不易，二方面基於熱愛攝影，於是在父親的支持下，在台北城內商圈中的京町，即現在的博愛路一帶，開設專賣攝影器材的「南光寫真機店」。取名南光，是因為希望將所學在日本之南的台灣發揚光大。

當時博愛路、衡陽路一帶有如今日台北東區，台灣第一家百貨公司「菊元」所在的衡陽路榮町，有「台北銀座」之稱。那時全京町只有三間照相材料店，都是日本人開設，鄧南光幸有家庭後盾，開設了此區第一間台灣人營業的寫真機店，一樓擺設各式相機和底片藥水腳架燈具材料，二樓則是攝影同好

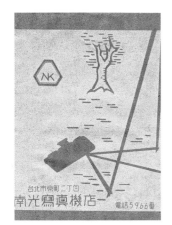

交流作品的專屬空間，他經常與客人或友人在此觀摩作品。

由於鄧南光的親切與專業，這間店成為攝影同好的聚集點，大家也因為這間店而常稱呼他為「南光先生」，中文名字鄧騰輝和日本名字吉永晃三反被遺忘。

鄧南光延續他在東京速寫街頭的風格，成為台北的「街頭觀察員」，在京町、榮町和今天延平北路的太平町等繁華地區，捕捉了人力車伕、上下公車的民眾、旗袍女郎、洋裝仕女等身影，這些作品散發出流動的美感和城市生活的況味，並流露他一貫自在、從容和微妙的淡淡喜悅。

自長子鄧世光以下，家中新生兒接二連三誕生，鄧南光為五個子女和家庭活動留下大量紀錄，是無心插柳柳成蔭的時代印記。日本時代的許多場景，在家庭照相簿裡，溫馨又

◀東京街頭的貧窮畫家，此作曾入選《徠卡》月刊。

▲◀南光寫真機店所用紙袋。（鄧世光提供，古少騏翻拍）

▲鄧南光開設的「南光寫真機店」店內陳設。（鄧世光提供）

有趣。

返台後的十年間，鄧南光正值活力散發的青壯年，他所拍攝的主題可略分為四大類別：北埔紀實、台北街景、家庭寫真，以及——戰爭。

在故鄉北埔他記錄了系列祭儀活動，以及家族的各種婚喪喜慶，為北埔和大時代的客家生活，留下極為重要的第一手記錄，這種對小鄉鎮的時代刻畫，在當代無人能出其右。或者應該說，當時相機實在太昂貴，技術也非一蹴可幾，在天時地利人和的種種配合下，為這個滋養他的家鄉小村，留下了無可取代的珍貴影像資產。

而太平洋戰爭末期，日本為控管情報，規定所有拍照者必須登記申請證件，才能在公開場合進行拍攝，1944年鄧南光取得「台灣總督府登錄寫真家」證照，因此得以繼續自由拍照。

到了1945年，美軍空襲日益頻繁，為安全起見，鄧南光關閉寫真店，全家回北埔故鄉躲避戰禍，而在日本即將戰敗之際，敏銳的鄧南光又從北埔趕赴台北，以極難取得的底片拍下了遭轟炸的台北城。這些影像，有天

▲鄧南光拍攝之長子鄧世光參加幼稚園園遊會的情景，地點在今天的台北228紀念公園。（鄧世光提供）

▶鄧南光拍下攝影同好拍台北市上林花酒家小姐的情景。

空中墜落的飛機、轟炸後的建築、廢墟中翻撿物品的民眾、拆解飛機殘骸的工人，以及戰後在街頭販賣家當的日本人，可惜這一系列的底片皆已遺失，只殘存少數沖印作品傳世。

與鄧南光同時在台北活動的本土攝影者，還有來自竹東的彭瑞麟以及大稻埕出身的張才。彭瑞麟是東京寫真專門學校第一名畢業的優秀生，1931 年畢業返台，在台灣人聚集的大稻埕開設「アポロ（太陽神 Apollo 之意）寫場」，同時開設攝影研究班，是台灣本土第一個攝影教育團體。張才則是自東京短期寫真學校畢業後，於 1936 年在現今的太原路開設「影心寫場」，他受日本寫實新風氣的影響，亦以徠卡相機創作，與鄧南光結為好友，兩人的作品中時見彼此身影。

本土寫實攝影之推動與實踐
光復後（1945-71）

光復後鄧南光舉家重返台北，改在衡陽路開設「南光照相機材行」，戰後百業蕭條，鄧南光父親已然去世，四兄弟分家後，鄧南光為了減少開銷，把中山北路的花園宅院賣掉，以維持店面營運。

戰後物資短缺，相機、底片奇貨可居，張才從上海回到台北，再度開設「影心照相館」於延平北路；年僅 25 歲善於修整底片的的李鳴雕，則自廣東學習繪畫返台，在衡陽路開設「中美行」照相材料店。這三位攝影家在小小的圈子裡因理念接近結為莫逆，為了鼓勵攝影風潮，還一起募款出資舉辦台北攝影月賽，前後達十年之久，月賽培養出許多新秀，也促使攝影理念在一次次展覽中不斷進行交流和拓展。

1948 年，台灣新生報舉辦三週年攝影比賽，吸引眾多好手參加，結果張才奪冠，鄧南光、李

鳴鵰並列第二，三人因此被冠予「三劍客」的美稱，從此攝影界三劍客之名不脛而走，這個封號相當程度的反映了他們的友誼，以及在台灣攝影史的重要性。

1949年，國民政府退守台灣，此時的台灣早因二年前的二二八事件而籠罩在政治清肅的高壓氣息下。白色恐怖時期，台灣人不得任意組織社團。1953年，由郎靜山擔任理事長的「中國攝影協會」在台復會，鄧南光和李鳴鵰雖然都擔任復會的發起人兼理事，但也同時聯合李釣綸、蔡子欽、楊天賜、詹炳坤等台籍攝影同好，發起非正式立案的「自由影展」社團，是1950、60年代本土寫實攝影最重要的發表園地。

自由影展為鄧南光命名，宗旨為脫離現有的沙龍風格，尋找自由的寫實新風貌，鄧南光在此發表系列人文主題，如「路」、「女性」、「淡水河畔」等連作。可惜，戒嚴時期攝影活動管制嚴格，為避免無妄之災，自由影展未曾印製手冊，直到蔣經國去世那一年（1988年），才有了第一本展覽集，那時鄧南光早已去世，且已經是第30屆了。

此外，鄧南光亦擔任許多攝影比賽的評審，又於1957年出版《最新照相機指南》，為渴求攝影知識的年輕人開啟一扇資訊之窗。1960年結束相館，在台北「美國海軍第二醫學研究所」負責醫學攝影，薪水優渥，器材全是最頂級的徠卡相機。1962年再出版《攝影術入門》，郎靜山在序言寫道「鄧子南光近著攝影入門，乃登峰造極之初步」，對他頗為讚揚。

◀鄧南光（右）與友人、張才（左）合影，他和張才、李鳴鵰被封為攝影界「三劍客」。

▲▲ 1965年台灣省攝影學會在烏山頭水庫舉辦活動，理事長鄧南光（右）持擴音機主持會場。（李國男提供）

▲鄧南光於1957年出版《最新照相機指南》封面。（鄧世光提供，古少騏翻拍）

▲不論是面對鏡頭下的世界，還是自己也面對鏡頭，鄧南光總保持著優雅與樂觀，溫暖笑看人世間。

1963 年，鄧南光鑑於台灣省尚無全體性之攝影組織，發起設立「台灣省攝影學會」，並擔任首屆理事長直到過世為止，共連任七任。1966 年榮獲台灣省攝影學會的「榮譽優秀學士」及台北市攝影學會所頒的「榮譽博學會士」。1971 年，他在家中心臟病突發，妻子發現時已無鼻息，享年 64 歲。

中年時期的鄧南光，雖參與各種攝影事務，但從未停止影像創作。他拍下台北街頭擦皮鞋的孩童、流動攤販、等候客人的算命仙、門口炊飯的煤油爐……，他走進萬華堤防邊的矮屋窄巷，走進九份山城和暖暖礦場，走進鶯歌磚窯，走進不知名的荒僻鄉間，拍下更多的庶民面貌：閃躲的妓女、黑臉的礦工、

歌唱的盲者、刺青的榮民、畫盤的童工、撒網的漁人、使力的渡者……，為 1950、60 年代匱乏、貧困的台灣，留下紀錄。

鄧南光奇異的生活在兩個世界，他接近生活在各個小角落的市井小民，也同時為台北城的酒家美女拍攝了大量照片，數量達二、三千張之譜。這系列酒室風情，具有一種恬適柔美的氣質與耽溺依戀的氛圍。那個年代的攝影者不能碰觸敏感題材，拍下邊緣庶民已堪擔慮，華美青春的臉龐和軀體，或許是逃匿現實的最佳去向。

快意快門，生趣人生

鄧南光在台灣省攝影學會首展指出：藝術要能啟示時代，新的藝術風格應該是「動的」、「寫實的」和「實用的」，要與過去「靜的」、「人為的」、「裝飾的」有所區隔，他所提倡的現代攝影，是針對傳統的畫意沙龍或保守制式的紀錄攝影而提出，希望大家能在內容與形式上朝向生動和創新的方向。

這段話充分闡明了鄧南光的藝術觀，在他的作品裡，總是能看到現實情境中，一股躍然的微妙動態神韻，不論是哪種主題，鄧南光始終如一的在追求並實踐他的現代動態寫實攝影觀。

鄧南光的長子鄧世光，對於父親的一生如此下註：「父親能夠窮極一生在攝影之路冒險前進，這樣的生命對他來說，已心滿意足」。

綜觀鄧南光一生，帶著留日期間所鍛鍊的觀念和身手，返台後在本土題材上不斷施展，為台灣留下無可取代的影像資料，而光復後

在政治閉鎖、沙龍當道的攝影界，以寬宏無私的精神極力推廣寫實攝影，並持續創作不輟，可說是台灣攝影界的重要旗手之一。

而他個人的照片，不論是幼年、留學、開業，甚至是戰火下，或是白色恐怖年代，樂觀微笑的臉孔，始終如一。他的友人無不對他寬懷自在、親切隨和的人格特質印象深刻，這樣的內蘊，反映在作品上，即使是礦工挑夫或即將遣返離台的日本人，也難得見到絲毫愁苦。

帶著微笑面對鏡頭的鄧南光，也帶著微笑自在從容的走過愜意一生。當年一起參展的攝影同好李悌欽回憶，溫雅謙和的鄧南光在擔任各種評審時，即使面對不佳作品，仍喜歡低低用客語說：「生趣！」（有意思！）

透過為數一萬多次的快意快門，鄧南光留下了對人世的情感和思索，他或許沒想到，這些作品後來在歷史裡發光發亮，成為後人一窺時代蹤跡的重要線索。「行政院客家委員會客家文化發展中心」於其籌備階段完成了鄧南光作品的數位典藏計畫，並透過出版方式，對他三十幾年攝影生命所累積的龐大作品，輯出一百張作品作為代表介紹，在龐大紛多各式主題中，本書所輯，以作者所出發的土地為依歸，以涵養孕育他的新竹故鄉為主軸，類別上分為家族、北埔、新竹三個篇章，從家人的故事、小村的民俗、地域的農事，交織出日本時代到戰後新竹區域的影像史詩，而在文字的爬梳和解讀上，力求回歸歷史脈絡，以呼應他所念茲在茲的紀實精神——且讓我們伴隨著文字和影像的交融，走進鄧南光的生趣世界吧。

北埔

繁榮的北埔山城，是鄧南光的故鄉；1935年，剛從日本返台的鄧南光開始拍攝家鄉，距離「金廣福」開隘拓墾北埔寶山峨眉「大隘」三鄉，正好一百年。

以大隘信仰中心──北埔慈天宮為中心發展出來的正月迎媽婆、七月祭中元、十月謝平安，以及參與新埔枋寮義民廟十四聯庄中元普渡，都是百年來，先民因心理寄託和現實所需而發展出來的常民信仰，時至今日，祭儀雖多有簡化或衰微，但仍不斷的延續著。

鄧南光的鏡頭對準了這些他從小耳熟能詳的節日，以及廟口彈唱討生活的流浪藝人、打拳頭賣膏藥的小販、地震餘生的竹屋，和正在吃食點心的老老少少。

這一系列的北埔風情，構圖精實，視角特殊，飽含一種抒情動人的況味，呈現了成熟、簡潔又具有動感的強烈生命力，在數十載之後的今日來閱讀，其生活氛圍、人物景象仍呼之欲出，鄧南光饒富意義的，為家鄉留下了無可取代的珍貴影像資產。

接媽婆

1936
新竹北埔

大年初四的北埔又溼又冷，新春鞭炮剛響過，廟坪卻又傳來一大串彷彿停不下來的鞭炮聲，孩子們在煙霧裡又愛又怕的跳著腳，一邊興奮的掩耳高喊：「哎呀，媽婆來咧！媽婆來咧！」刺鼻又溫暖的煙硝裡，北港媽祖就要來北埔住上一個月，看那高高的戲棚早就搭好等著，過不久又有媽戲可看囉！

北埔慈天宮雖主祀觀音佛祖，但除了中元節外，「迎媽婆」遶境活動卻是全北埔最盛大熱情的祭典，每年信徒從北港請來媽祖分身駐駕，然後擇年舉辦遶境，浩浩蕩蕩的隊伍加上迎古董、打中午、做媽戲等習俗，可讓其他配祀的神祇大大的相形失色了！

媽祖信仰早在清朝即已從潮州傳入粵東、閩西等客家地區，先民險渡黑水溝時媽祖也是重要的精神寄託之一，而竹塹的開發有許多是閩客共墾，基於族群融合考量，新竹地區奉祀三官大帝和三山國王的30幾座大廟，絕大部分同祀媽祖，且仍多維持正月到北港請神的習俗[1]。媽祖成為正月春祭的主角，這樣極占光彩的「副神」媽祖信仰，在其他客家地區非常罕見。

在北埔人的語彙和認知裡，「迎媽婆」是指媽祖在北埔遶境遊庄，而非到北港請神，因為雖然年年皆到北港奉請媽婆回宮暫駐，但遶境卻要視信徒的意願和當年經費而定。七、八十歲的老人家說，他們小時候約兩三年就迎一次，隨時代變遷漸漸愈隔愈久，所以才有「十年一次」的說法。迎媽婆時媽祖出巡北埔各山村，徒步繞全境需時三天，神轎與大旗、鑼鼓不辭辛勞上下高難度陡坡，在隆隆鼓聲中為村民驅邪賜福。更盛大的遶境則是走整個「大隘」，也就是現今北埔、峨眉、寶山三鄉，所到之處，鄉民設案膜拜，媽祖已經從海神變成山民的守護神了。

1. 北埔現已將到北港請神的習俗從農曆正月初四改為舊曆年前的 12 月 26 日，讓媽祖在慈天宮過新年。

1936 年正月初四，北埔鄉民在慈天宮前等著迎接北港媽祖。

迎古董，打中午 迎古董，是北埔迎神明時的陣頭。打扮得滑稽好笑，客語稱「古董」，迎媽婆時，鄉民組成化妝遊行隊伍，一組隊伍稱為一件，在老人家記憶裡，迎古董最多曾高達三百多件，隊伍綿延一公里多，熱鬧可以想見。打中午，是各庄準備午時飯菜到固定地點，讓隊伍飽食休息，這兩樣是北埔人最津津樂道且懷念的傳統。

媽婆入廟

1936
新竹北埔

「媽婆接轉來咧！」鞭炮和大鼓聲宣告著北港媽祖千里迢迢來到慈天宮廟口了！扛轎的父老們彎著腰正準備往前衝，他們可不是要一口氣衝進廟裡，而是在進行神與神的對話：媽祖進廟前要用三進三退的大禮，恭敬的向慈天宮諸神行禮打招呼，否則一股腦兒連門都不敲踏進別人家門，豈不太失禮了！

據研究，新竹地區客家人最晚在清朝同光年間，就已經開始迎請北港媽祖的習俗。在往昔交通非常不便的年代，徒步到雲林、嘉義地區，雖非千山萬水，但也相去不遠，直到日本時代修築鐵、公路後，才有交通工具代步。而不論古今，媽祖到了北埔一定先在鄰近小庄休息過夜，第二天鄉民備齊神轎大旗鑼鼓接駕，熱熱鬧鬧的遊北埔市街，再擇吉時入廟安座。

一般神轎依轎頂的有無，可分為文轎和武轎，媽祖坐的轎子屬有頂的文轎，進廟常以三進三退為禮；無頂的武轎因為較輕，就可以上下搖晃轎身並配合活潑步伐，而出現動態有致宛如舞步的神韻。圖中這頂轎子現今以玻璃防護，仍完好保存於慈天宮中庭右側。

新竹客家人對媽婆信仰的熱情，除了有學者探究分析背後歷史成因外，民間又是怎麼想的呢？忍不住追問老人家到底為什麼這麼信媽祖？媽祖曾顯靈嗎？老人家說，以前農業時代，「迎媽婆」的頻率很高，約隔年就迎一次，這是因為迎媽婆的隊伍有兩、三百組人，裡頭最少有一百多組的大鼓，綿延一公里多的隊伍，敲敲打打，大鼓和鑼鈸的震動，把蟲卵都震掉了，或是震得孵化不出來，客語叫做「冇忒」，所以有迎媽婆的年份，收成特別好，大家當然愛迎媽婆囉。

震天作響的鑼鼓可以減少蟲害，聽來真是有趣極了，這是一種鄉野傳說，還是真有道理？說不定可嘗試做為今日有機農業的天然除蟲法哩，難怪北埔先民即使在溼冷難受的正月天，也要不辭勞苦的把媽婆接回來，讓庄稼一年比一年豐收。

1936 年正月，從北港迎回的媽祖神轎隊伍在廟坪準備進入慈天宮。

媽婆安座

1936
新竹北埔

乍看這張照片，很難令人聯想到慈天宮，因為與今貌差異頗大，但仔細比對內殿兩根龍柱，竟的的確確是慈天宮的柱子，加上媽婆的文轎、香客的冬季服飾、客家婦女的傳統髮式，如此方才確認，這是媽婆神轎入北埔慈天宮後準備安座，信徒正在燒香的盛況。

轎邊的人們，每個都探頭往神轎裡看，是不是神明還沒下轎，他們急著一睹媽祖的面目呢？據老人家說，以前去雲林嘉義請神，一次要請五位媽祖，所以這轎子裡，坐的不是一尊神明，而是五尊。

那麼這五尊媽祖分身來自何處呢？除了北港，還有新港、彰化、麥寮等地，這個寶貴資訊突然間有如點了一盞大光明燈，為鄧南光的照片考古提供推測的線索：為什麼他拍了這麼多北港朝天宮和彰化南瑤宮的照片，為什麼有這麼多難以辨識的迎神隊伍，為什麼有路邊人山人海鄉民圍看的臉部特寫，原來，原來，很可能是鄧南光跟著鄉親去請媽婆了！

這張照片，是鄧南光媽婆系列的尾聲，媽婆入廟正準備安座，可惜他沒有繼續拍到迎媽婆遶境的盛況，或許那一年沒舉辦遶境，或許他拍完媽祖入廟就上台北去了，迎媽婆在影像上的遺漏缺憾，只能從老人家的口述來補白了。

1936 年正月，北港媽祖入駐安座前，北埔慈天宮擠滿了善男信女，有的正在燒香，有的圍在神轎旁看媽祖。

領調獻眾

1933-35
新竹北埔

農曆 7 月 14 日接近中午時分，慈天宮的中元祭典正進行獻眾的儀式，有領調的家族，在廟坪掛起書有姓氏的調燈，廟坪的上階結壇[1]掛綵，下階擺放豬羊牲禮，此刻的慈天宮和北埔街，擠滿了鬧烘烘看豬羊的人潮，等下午大戲開鑼，可就更熱鬧了。

慈天宮的中元普渡固定以「十二起燈篙、十三放水燈、十四普渡」進行，14 日午前敬獻豬羊牲儀給眾神的儀式，北埔稱「獻眾」，有些地區又稱獻供、獻午供、正供、午供、拜天公。

「領調」是中元普渡信仰的表現，「調」是協助祭典庶務和經費的各種名稱，看調名就可辨識這家人在此次祭典中擔任的職務或捐獻的經費。值年爐主在籌備期會「召調」，徵求鄉民領調意願並分派工作，有領調的，就叫做該年有「當調」，需繳交調金，是普渡的重要經費來源。一般廟宇做中元從幾十調到百餘調不等，新埔義民廟則多達千餘調，從調數可見其規模。

畫面上的燈籠就是調燈，寫著大大的姓氏，即是有當調人家的姓，上面還寫著「慶讚中元」與其調名，如天后首、文昌首、玉皇首、三官首、觀音首、五穀首、義民首、福德首等，或者是爐主、主醮、主壇、主會、主普、經理等職稱，這些都是領調的調名。

假若不是黑白照片，這畫面裡充滿了美麗的顏色：燈籠是白底紅字，有些還畫著圖樣，供桌的桌圍有蝴蝶花草的手工刺繡，帶葉的竹竿是綠色的，空中張著的紅布叫做「橫綵」，最前方的兩根竹竿上還繫著叫做長錢的金黃色紙錢，桌上的供品有紅粄[2]、發粄、水果……，樸素的是人們的衣裳，手工製衣的年代，大家夏天多穿白布衫。

然而，即使失去了顏色，黑白照片仍然煥發中元普渡的熱絡氣氛，這是我們的祖父或曾祖父輩做中元的樣子，到現在有什麼變化呢？找一次中元去參加就知道了！

1. 結壇：祭典開始時擺設神明壇位、放好供品，稟告天上眾神之儀式。
2. 粄：客語稱米製糕點為粄，即閩南語的粿，紅粄即紅龜粿，發粄即發粿。

1930 年代前期中元節北埔慈天宮前，主普人家的姓氏燈籠高高掛起，等一下就要開始拜拜了。

大隘做中元 大隘地區自 1834 年（道光 14 年）始墾，因以強勢武力驅逐原住民，歷來有許多人戰歿或遭馘首，也多有水土不服而病歿者。1864 年（同治3 年），金廣福第三代墾首姜榮華倡議大隘慶讚中元，以渡往生者遠離苦海，獲鄉民支持，大隘分成六區七大家族輪值爐主，由姜家姜義豐公號擔任永遠的總爐主，每年撥穀兩千斤支付經費，其餘由值年爐主和調金支付。

起燈篙
放水燈

1933-35
新竹北埔

農曆 7 月 13 日下午，三枝高高的燈篙立在慈天宮前，大士爺 1 坐鎮廟門口，廟坪上放著一躺一立的水燈牌，有當調的家族在此準備領水燈，再由法師帶領前往南埔橋下誦經施放，前面街上還有大隊鑼鼓在等著呢。

中元祭典在 12 日下午豎起三枝帶頭尾象徵吉祥的竹子，叫做「起燈篙」，告知天地眾神、陰間孤魂和陽世大眾，此地建醮歡迎參加。三枝燈篙象徵天人地，左邊白色長布書有：南無三洲感應護法韋馱尊天菩薩證明，中間黃布四方旗書：慶讚中元，右邊一般叫七星燈，北埔稱七層燈，是圓形多色糊紙，內置七燈使陸上孤魂可循光前來，以前用煤油棉線，現在是小電燈泡。

俗諺「一尺燈篙三里孤」是指一尺的燈篙可引三里內孤魂，燈篙愈高引魂愈多，所需供品也就更多，假如架太高，供品不夠，引起鬼打架遷怒人間後患無窮，因此燈篙高度是以普渡規模而定，不是愈高愈好。燈篙主要是招魂用，長者會告誡小孩、孕婦、做月子的、戴孝的不要在下面穿梭逗留，以免犯沖。

燈篙架好後結壇，晚上開始一連串法事：斗燈點火、大鬧皇壇、大士開光、奏表申文，第二天上午奉請諸神並誦梁皇經 2 後，下午放水燈。

燈篙指引陸上孤魂，水燈則是有請水中孤魂前來受饗受渡。放水燈的隔天（即 14 日）早上繼續誦經並以正供拜答天恩，晚上再以豐盛的祭品款待水陸孤魂，希望他們聞經聽懺享受盛宴後皆能早日轉世，今俗為求簡化，已將放水燈和普渡改為同日。

炎炎七月天似剛下過雨，還有人撐著傘，左邊兩張大布蓬像是賣點心的，高高的電線杆在畫面裡很是醒目，北埔從 1919 年就已架設電力，文明雖然進來了，但對神鬼的崇祀，至今還是根深柢固。

1. 大士爺：建醮祭典時鎮壓眾鬼的鬼王紙糊神像。
2. 梁皇經：南朝梁武帝集錄之經文，又稱「梁皇寶懺」，為佛教道教用於懺悔消障之經文。

1930 年代前期北埔中元節，鄉民在慈天宮集合，準備出發放水燈。

水燈牌

1933-35
新竹北埔

農曆 7 月 13 日的下午，北埔慈天宮準備要放水燈的隊伍，在街上候著，畫面前景用竹竿製作掛燈的架子叫做「水燈牌」，上面的燈籠寫著慶讚中元和領調人家的姓氏，前頭是有如轎子般的鼓亭，以各色花布彩帶裝飾。放水燈的隊伍，將由爐主和法師領軍，敲鑼打鼓經過市街往南埔橋畔行去，有如一場小小遊行盛會。

這畫面裡沒有見到真正要施放的水燈，有可能還在廟裡尚未出發。前面這座姜家的水燈牌，頂上繫著兩顆大綵球，架子兩邊又有小綵球，竹竿上還懸綁著紅白兩色的帶子，最外圍兩面或三面披著一塊紅布，醒目漂亮，也有防風並讓光線集中的作用。

又大又高又漂亮的水燈牌，宣告著姜家永遠擔任總爐主的地位和聲勢。旁邊彭家的，就明顯比較小座，但彭家也屬北埔大戶，由姜彭兩大戶的水燈牌，可見當年最具排場的燈牌即為此模樣。

老人家回憶，沒有車子的年代，要走去南埔橋下放水燈，得用人力扛桌子、挑牲儀、挑金香，八音班走最前面，爐主和領調家族手捧水燈，後面有增添熱鬧的鼓隊、高高的水燈牌和擠得滿滿的小孩，簡直像在辦喜事一樣。

北埔中元祭典用的調燈、水燈，固定由新竹市區專門製造燈籠的謝家師傅，在中元前一個月，帶著工具徒步四小時前來慈天宮駐紮，接受廟方和各家族的訂製，直到中元前一天大家都滿意了才離開返家。

而水燈牌的燈籠就向謝家師傅訂購，竹架則大多由各家長工負責製作，等水燈燃放完畢回到街上，水燈牌就各自拿回家。這個水燈牌，等於一年一度只在 7 月 13 日現身一下午，所以即使拿照片問許多上了年紀的老人，他們也沒看過，這得要家族有領調並且參與過水燈遊行的人才能指認。如此古典的水燈牌已不知在何時神祕消失，幸有此圖，得與今況參照。

1930 年代前期北埔中元節，鄉民備好鼓亭和水燈牌，即將前往南埔橋畔施放水燈。

水燈 水燈通常做成屋舍形狀，前門開口以便點燭，下面以短截的香蕉莖幹固定以利漂浮。水燈裡常會放些銅板送給水鬼，有些人就會到下游等著攔水燈「撿」錢，而水燈飄愈遠，表示來年運勢愈旺，所以撿錢的可得閃遠一點，免得主人家看見你碰他的水燈。

正統的放水燈是在夜晚，新竹和北埔不知何故皆在下午或黃昏。放水燈是要夜引水鬼上岸受渡，所以傳統水燈牌的燈架，主要功能是為陽間照明並增添排場氣勢，華麗的裝飾亦有降低鬼月陰森之氣的作用。

現代放水燈如基隆做中元，水燈牌大到要用卡車載，裝飾爭奇鬥豔，並有藝閣陣頭相隨，兼具遊行和競賽意味，與迎神賽會相去不遠。

北埔上街

1933-35
新竹北埔

走進北埔上街乾淨整齊的石板鋪面，就知道已經接近慈天宮了。農曆7月14日的上午，正要往廟口行進的獻眾隊伍，由調燈和紅綵在前領頭，鼓亭和鑼鈸在中間，後面挑著字姓燈、牲儀和糖塔，一行人敲鑼打鼓往慈天宮去，這畫面距今僅相隔不到80年，卻散發一種特異時空的古典氣息。

1906年，慈天宮進行建廟以來第三次大整修，住在廟旁的漢文老師邱芝汀，發起募捐整修廟坪的石板廣場，於是，如此素淨美好的石板鋪面，從廟口延伸到北埔上街，那個年代所有道路都是碎石泥草，這段石板路，是大隘三鄉最高級的街區。

北埔初墾時聚落規模很小，這段路被稱為上街，是因為以南興路交叉口的西城門為界，城門以內叫上街，城門以外叫下街。短短不到一百公尺的上街，既是廟前廣場的延伸，也是整個聚落最重要的中軸線，更是早期連接信仰中心慈天宮與墾隘中心金廣福的重要輻輳。因此，上街除了兼具宗教信仰、公共空間等功能外，還成為大隘的商業市集中心，早在1886年（光緒12年），以上街為中心的北埔聚落就已經有20幾間頗具規模的店鋪，包含腦市1、米市、炭市、柴市等，是竹塹東南山區所有山產農作和日用品的最大轉運站。

鄧南光的祖父母，清末時就在這條街上開設雜貨店，專門做山中隘勇和樟腦寮的生意，他們在上街兩側皆購有街屋，鄧南光是在自家二樓拍下了這動感十足的獻眾隊伍，放眼仔細看，中間鼓亭裡，一支鼓搥正要往下打呢！

1. 腦市：樟腦交易的所在，專門收購樟腦的行號又叫腦棧。

1930年代前期北埔上街，準備前往慈天宮祭拜的中元節獻眾隊伍。

北埔下街

1933-35
新竹北埔

中元節的獻眾隊伍，從慈天宮廟坪一路綿延到下街尾端，幾十隊鑼鼓鏗鏘作響，他們經過的這片街屋，是 1915 年進行街屋改造後的面貌。

北埔聚落在清道光年間發展出東南西北四個城門，西門在聚落的中軸線北埔街，約略在畫面最前方正中央小女孩的位置。西門往外通往埔心、埔尾、峨眉、寶山，是其他庄民前來北埔必經之路。1889 年（光緒 15 年），街肆突破西門往外延伸，於是城門拆除往外移，而有了下街。

下街最初仍沿襲北埔街屋的防禦形式，家家戶戶的門口皆內縮，街道蜿蜒屈曲，以便藏身攻防，直到 1915 年市區改正時才拉直，街屋也一律改為帶有騎樓的二樓洋房。下街住戶與上街一樣大多經商，街屋兼具倉庫和住家的功能，院落很深，內有天井以利採光通風。日本時代不知是誰造了一段押韻順口的客家唸謠，把下街坐南朝北的店家依序串了起來：

「車頭壞運，過了梁順，梁順打屁，過了莊可意，莊可意賣菅蓁，過了陳珍，陳珍按會講，過了張榜，張榜賭徼，過了蕭苗，蕭苗磬令鐮琅，過了郭憨，郭憨食茶，過了排耶，排耶單邊，過了劉漢仙，劉漢仙酒醉，踉踉蹌蹌，過了范情」，這段唸謠把北埔下街住戶的姓名、職業、癖好，描述得歷歷在目。

提供這段唸謠的是郭憨的孫媳李秀惠，她從寶山的中大壢嫁來下街，唸謠裡的人物幾乎都是她的長輩。特別的是，蕭漢苗的兒子蕭鸞飛，出生於 1922 年，曾經到日本留學，回台後擔任獸醫，戰爭時被調往南洋，船遭擊沉，人漂於海，在荒島等待救援三天，可說經歷九死一生才得以回台，光復後又遭白色恐怖牽連無辜繫獄一年多，出獄後進入天主堂成為傳教員，他形容自己的人生是「波浪萬丈」。

北埔下街故事多，可現代人似不如古人，再無人編派出活靈活現的唸謠了。

1930 年代前期北埔下街，中元節獻眾隊伍隨著鑼鼓隊向慈天宮前進。

下街唸謠在說什麼？ 車頭指北埔街 27 號前，日本時代是輕便車站，即軌道台車站。梁順賣冰，講他放屁，應和壞運一樣是為了押韻而編。莊可意是前鄉長莊坤炎的祖父，開五金雜貨店，有賣菅蓁，就是芒草。陳珍原名陳阿珍，開米店，口才好叫做「按會講」。雜貨店張榜原名張連榜，愛賭博。中醫師蕭苗原名蕭漢苗，磬令鑠琅形容搗藥聲。郭憨原名郭運來，討厭日本人，戶口普查時隨口說自己叫郭憨，成了綽號，家裡賣雜貨，資產多，得以悠哉喝茶。排耶是小名，據說單眼失明所以稱單邊。劉漢仙開中藥店，「仙」形容人專精某件事，他是北埔酒仙，喝醉了就踉踉蹌蹌。范情開雜貨店，約今北埔街 47 號處。

撐獅仔

1933-35
新竹北埔

「咚咚鏘、咚咚鏘」，撐獅的來咧！小朋友跟著獅子跑，獅子走到哪，他們跟到哪，咦……那個獅子的嘴巴怎麼四四方方的，還會上下一直打開？那個獅身怎麼這麼像我家被單啊？啊啊啊，那個獅子怎麼朝我這裡來要糖吃啦……？

不要小看這簡陋的獅隊，每逢節慶尤其新年，沒有舞獅助陣還真不熱鬧，慈天宮做中元的獻眾隊伍裡，調燈和鑼鼓隊都是規規矩矩向前走，還好有客家獅出來鬧一鬧，街上的氣氛剎時興奮刺激起來。

客家獅又稱方獅，嘴巴方方又稱開口獅，是對比於其他閉口的獅種；鼻子朝天像豬鼻，又叫豬鼻獅；獅身是布做的，又叫布獅。它可真多名字，唯一沒被取到的特殊外觀是成排的整齊牙齒，這是其他獅種沒有的，也是客家獅重要特徵之一，畫面裡約略可見，那不是嘴唇，是會咬人的牙齒喔。

傳統農庄男丁為保衛鄉里多以練武強身，客家獅是伴隨武術的一種娛樂兼訓練，一般多附於武館。為什麼說是訓練？因為傳統獅頭是用黏土塑造，動輒幾十公斤重，表演時要操控嘴巴開合、蹲馬步、彎腰、上舉，尤其低下頭咬賞錢，再歡天喜地抬起頭來擺動身體，非常耗費體力，非有武術基礎難以勝任，所以南新竹一帶客語講舞獅用「撐」這個字眼，而北新竹和桃園一帶則多用「打」獅仔，都說明是需要體力的動作。

和獅子結伴出現的，一定有俗稱大面的大頭和尚，或是俗稱小面的孫猴子，畫面裡有個戴面具的大面，正面對著獅頭，他手上應該是拿樹葉或是扇子正在逗獅，前面敲鑼的把他擋住了，獅尾旁邊是大鼓，鑼鼓與獅配合無間，才能創造出舞獅的氣勢和高潮。

獅陣有驅邪制煞的威力，所以多在過年出現，中元節較為罕見；這隻獅子在整個獻眾隊伍中，應該是最受矚目的焦點了。

1930 年代前期中元節北埔街，舞獅隊在鏡鈸聲中演出各種精采動作，吸引成群孩童的目光。

客家獅

制煞的八卦圖案 —

王字，代表百獸之王，
可以進出廟門。

雲彩圖案，象徵祥瑞。 —

有牙齒的方形獅口，
可開合。

— 獅耳，可配掛平安符。

— 獅眼開光後才具有神力

— 火焰圖案，代表氣旺可驅邪。
— 朝天豬鼻

大士爺前看大戲

1933-35
新竹北埔

本來在慈天宮正門口鎮守各路孤魂的大士爺，已經「出位」移到戲棚邊，面朝廟身，由此可判定這已是 7 月 14 日的下午，這時家家戶戶正在準備晚上的普渡，小孩子貪看戲，全從家裡溜出來集中到戲棚前，台上正有四個大孩子在跑龍套，看到年紀相仿的演員，台下小孩應該更是目不轉睛了。

傳統慈天宮的中元祭儀裡，大士爺在 12 日晚上開光後，就一直坐鎮在廟門口，等到法事於 14 日午前把整本梁皇經誦畢，祭拜天公、奉謝三界[1] 之後，下午才進行大士出位，此時，對神的儀式告一段落，廟門大開，黃昏後，對「鬼」的普施儀式即將開始。

14 日晚上的普渡又分為公普和家普，公普就是在廟口由法師登壇誦經化食普施，北埔人稱「坐壇」，家普就是一般熟知的家家戶戶在門口祭拜好兄弟。這個晚上，有領調殺大豬的人家，會設席宴請親朋好友，此時鬼與人同時在用餐，只是他們在戶外享用，人們在屋裡吃另一番好料。

大戲有日夜兩場，夜戲演畢，法師坐壇的法事也大約正好結束，把大士爺送到邦正公園旁、法師稱「大地」之處焚燒後，祭儀全數結束，三枝燈篙也在廟坪就地焚化，信眾開始收孤[2]，大豬得馬上分割成條、泡過鹽酒後贈送親友，不然會很快腐壞。就這麼一直忙到深夜，大人累得動不了，而這些看戲的小朋友，大概已經在夢裡跑到戲台上跟跑龍套的一起演戲去了。

1. 三界：即台灣民間信仰之天官、地官、水官，合稱三官大帝，客語稱「三界爺」。
2. 收孤：法事結束，各家將神豬和祭品收回。

1930 年代前期北埔中元節，慈天宮前搭起戲台演大戲，台下滿滿的觀眾幾乎都是小孩子，有的還攀到戲台上看個仔細。

謝平安

1935
新竹北埔

在北台灣客家庄，每年秋收後農民必備豐富祭品謝神，同時請戲齣到神明面前獻演，感謝天地諸神保佑平安和豐收，人們在春天「起福」祈求風調雨順；到了秋天收穫完畢答謝眾神就是「謝平安」。秋收後的平安戲，總是一庄演完換一庄，很多人會跟著戲班一庄一村看下去，經過一年的辛勞，此時是農家稍事休息的最美好時光。

大戲通常分日夜兩場，開演前有 15 分鐘至一小時不等的暖場，客家人叫「打八仙」，閩南人稱「扮仙」，就是演八仙祝壽、蟠桃會或福祿壽三仙等戲碼，請眾神賜福人間。下午的戲齣是所謂「正戲」，主要是演給神明看，因此特別講究內容、唱腔、身段，晚上的夜戲就比較輕鬆，夾雜有丑角插科打諢逗趣橫生。

北埔慈天宮的戲台，一向都搭在北埔上街和南興街的交叉口，這個位置，正好是鄧南光的祖父母家的街屋所在，因此鄧家女眷向來看戲都不用跟人家擠，就在二樓往下看，清清楚楚，鄧南光爬上了比二樓更高的位置，拍下了農曆十月半這天下午的平安戲。

伴隨平安戲的另一齣重頭戲是，家家戶戶辦桌請客，當天下午婦女開始忙著剁雞剁鴨、封魚封肉、炆菜焐湯1，而且一定要打2板煮湯圓。晚上請客時，桌數愈多，面子愈大，這一天，住再遠的親戚都會不辭遠道來吃平安，是親友聚首吃飯喝酒敘舊吹牛講笑話的大日子。

平安戲在北部客家各庄非常普遍，大家你來我往互相請客作客，南部客家卻少見演戲酬神，而是做「完福」，或說「還福」，也就是設案祭天祭伯公（土地公），完福後異曲同工有流水席叫「食福登席」，但多在伯公下（土地公廟）不在自家，謝平安的習俗南北雖有差異，敬天謝天的虔誠倒是毫無分別的。

1. 封：將食材密封溫火慢燉的烹煮法，封魚封肉用的是整條魚、整塊豬肉；炆：微火慢燉，客家菜中有所謂「四炆」，即酸菜炆豬肚、炆爌肉、排骨炆菜頭、肥湯炆筍乾；焐湯：煮湯。
2. 客語稱製作米食糕點，均以「打」為動詞。

1935 年北埔平安戲時節，鄉人聚攏看大戲，孩子們最是熱衷，連身子都擠到戲台上了。

做大戲

1935
新竹北埔

紅面長髯的關公舞著青龍大刀，他一身是膽、忠勇剛毅，從遙遠的三國時代流傳至今，不僅成為受人敬愛膜拜的關聖帝君，也是各種大戲裡面，最受歡迎的戲齣和主角之一，桃園三結義、煮酒論英雄、千里走單騎、單刀赴會、刮骨療傷、過五關斬六將，哎呀呀，這麼精采好看的故事怎麼可以錯過呢？老老少少當然要拚命往前擠囉！

在沒有收音機、沒有說書人的山村，野台戲不僅帶來了視覺聽覺和心靈上的大刺激，更傳衍了忠孝節義是非善惡的觀念。客家大戲在1921年以後才開始發展成熟，這張照片的拍攝年代，距離那時只有十來年，可說還是十分年輕的新劇種，或許正是因為新奇，大家目不轉睛，看得嘴巴都合不起來了。

客家大戲是吸收各界精華的改良戲種，內容新鮮豐富，除保有客家傳統「九腔十八調」，和採茶戲詼諧逗趣的丑角，又加入其他劇種的民間歌謠小調和真功夫的武劇，雖然夾雜了聽不懂的京劇，卻仍然大大風靡客家村。戲班在收冬之後馬不停蹄到各村趕場，連演兩個月直到過年才有得歇息，有些戲迷也跟著奔赴鄰村趕場看戲，那是客家大戲的全盛期，也是戲班和觀眾最懷念的時光。

日本人在1937年開始推行皇民化運動，整併廟宇、禁止傳統戲劇和民俗活動，戲班得改用日語演出歌頌天皇的新劇。有些戲班在警察來之前照演客家戲，偶爾還夾帶嘲罵日本人的唱詞，警察來了才恭恭敬敬改講日語，台上台下心照不宣，大家仍然有戲可看，可惜到了戰爭末期，戲班幾乎全數歇業，想看關公，連廟裡都不見得找得到了。

1935年北埔平安戲時節，台上關公演得精采，台下觀眾看得入神。

客家大戲 源自於三腳採茶戲，是由一丑二旦三個腳色即可上演的小戲，表演型態為「落地掃」，也就是不用搭台，在廟坪、禾埕或適當空地就可進行表演，以口白、唱腔、簡單的歌舞動作，鋪陳張三郎採茶賣茶的故事，這種講客家話、唱山歌的表演方式和內容，深受客家鄉親喜愛，至今仍有三腳採茶劇團。

僅由一齣劇目組成的小戲，漸漸不能滿足觀眾和廟會的需求，藝人便開始加入亂彈、四平戲、上海京劇等外來劇種的元素，漸次發展成演員人數增多，內容加入武劇，並在布景、行頭、科介、化妝等方面都脫離小戲架構，提升為大戲的格局。

看大戲

1935
新竹北埔

真是要讓這樣的觀眾場面給嚇壞了，密密麻麻的人群，把整個北埔上街擠得完全沒有空隙，每個人是如此專注的盯著戲台，那台上唱戲的，想必十分有成就感吧！

畫面裡男人大多戴著帽子，昭和年間 1 的北埔時興戴帽子，農人不論春秋本來就戴斗笠；士紳階級或上了點年紀經濟狀況較好的，戴著又稱中折帽的氈帽；普通年輕人戴最流行的「打鳥帽」。學生帽分兩種：一種是高年級生戴的較正式的黑色高級帽，一種是低年級戴的內外紅白兩色普通棉帽。最特別的是，還有幾個老人仍習慣用頭巾纏繞在頂上。

觀眾絕大部分是男人，女人只敢站在走廊下，不敢跟男性擠，只有老人家或是小孩子，才能在前面一點的地方占個好位子。

為什麼看戲的人如此壯觀又專注？農業社會甚少娛樂，也難得離鄉，講究唱腔、身段、服裝、內容，且文武場皆備的大戲，可以說是一年裡最特別的感官刺激，隨著高潮起伏的劇情，演到極惡的壞人，有些太入戲的觀眾甚至還會情不自禁丟東西上去洩憤。

早年北埔的平安戲是固定在農曆十月半，與傳統農俗在下元節完福的秋祭時間相同，這時田裡的二期稻作都已收割，稱為「收冬」，為感謝神明庇佑風調雨順，由爐主擇吉時將各庄頭伯公請到慈天宮安座受拜，並上演平安戲酬神，戲畢隔天再將伯公請回去。現在平安戲已提前到 9 月 19 日，與觀音出家紀念日一同舉辦。

有老人家懷疑，這不是演平安戲，而是媽婆戲，因為大家衣服穿很厚，俗諺有「正月冷死牛，二月冷死馬，三月冷死耕田儕 2」，十月半還沒那麼冷，此圖有可能時值正月。但是，他搖搖頭又說：誰知道呢？有時天候大變，誰也捉不準，就像現在，誰知道大戲已沒人看了呢？！

1. 昭和年間：1925 年開始進入昭和年代，那一年也是大正 14 年。
2. 儕：人；別人，稱「別儕」；多少人，稱「幾多儕」；耕田儕，即指農人，又叫「耕種人」。

1935 年北埔街上看戲的人潮，各個目不轉睛，或瞠目張口，或微笑讚好，表情十足。

食涼水

1935
新竹北埔

大熱天的七月中元節，大多數人頭戴斗笠，幾位婦女口渴了，擠在小販前想要「食涼水」解渴，有可能是客人太多，來不及讓水冷卻，大家只好在大熱天還嗶著嘴吹氣喝熱水，這在客家話叫做「食燒燒的涼水」，真是有趣。

婦女們穿著淺色的大襟衫，站最右邊的還梳著傳統的客家髮式，這種髮型梳起來相當費時，卻是傳統客家婦女的「正字標記」，只要看到這樣的髮式，就能判定這是北客家的婦女。山歌小調〈十八摸〉的歌詞有唱到：「阿姐的膨頭贏神仙，阿姐的髻鬃圓叮咚」，其中「膨頭」就是指這種正面梳高起來的形狀，又叫「客人頭」或「髻鬃頭」。

旁邊較年輕的婦女都已經改梳福佬式的小髻了，一般稱為「台灣頭」，而不管梳什麼樣的髮型，頭上少不了要抹點茶油，讓頭髮看起來烏黑發亮。

北埔慈天宮是大隘三鄉的宗教中心，中元祭典是年度大事，許多住在山區終年勞動難得出門的婦女，會在這兩天結伴前來看豬羊和看大戲，但務農婦女多半衣著簡單頭戴斗笠，且通常不會有餘錢喝涼水，畫面裡大約是經濟情況稍好的人家，撐著遮陽黑傘出來看熱鬧了。

另有耆老提出，這或許是新埔義民廟做中元的下午，因為新埔義民廟的人潮規模來得更大，這種大熱天密密麻麻人山人海摩肩擦踵的景象，較可能在義民廟發生；圖片的資訊量不足，很難確實斷定地點，但不論何處，中元的熱鬧總是不變的。

1935 年北埔中元節，幾位婦女買涼水解暑，她們都穿著客家大襟衫，髮式則除了右邊這位是傳統的髻鬃頭，其他都是閩南式的「台灣頭」。

打拳頭
賣膏藥

1935
新竹北埔

一年一度的中元節，可以說是北埔年度祭儀裡最盛大的祭典，各式各樣的小販隨著人潮而來，賣零食小吃的、賣雨傘鞋子的，各個占好了據點做生意，打拳頭賣膏藥的當然也不落人後，就選在最寬闊的戲棚下，做起生意來。

照片右上方可以看到戲台的架子，他們總趁著大戲還沒上演，或是兩齣戲的空檔，人潮仍聚在廟口時，快快起鼓敲鑼賣膏藥，一般客語稱演戲叫做「撮戲」，而這種小型說唱耍藝的就叫做「撮把戲」。

農業社會醫藥不發達，貧困人家就算生了病也難能求醫，於是這種流浪賣藥班有了生存機會，他們多半賣農家所需的各種常備用藥：治刀傷燙傷、健胃整腸、殺蛔蟲、治久咳、補腎、壯陽、補血、活絡筋骨等，雖琳琅滿目，但各家多有特定神奇無比的主打藥。

與其說人們需要備用藥，不如說，看把戲的魅力創造了買藥的行為。許多人，不論大人小孩，總被這些賣藥的技藝吸引：三腳採茶、武術套路、雙口相聲、對唱山歌，有些甚至是非客家的異邦人，講著聽不懂的唐山話或閩南語，大家還是一樣看得津津有味。他們唱一段、賣一段，演一段、再賣一段，好比現在電台賣藥，說學逗唱活靈活現，小孩子看了這樣稀奇有趣的表演，回家後常常依樣畫葫蘆，一邊比劃拳頭一邊怪腔怪調瞎鬧一番，並期待著下次又來不一樣的撮把戲，好大飽眼耳之福。

畫面裡老人小孩各個看得出神，炎炎七月天，看完大戲看撮把戲，這是多麼有趣又滿足的一個下午！

1935 年北埔中元節，流動小販在戲台邊賣起膏藥，吸引許多鄉民圍觀。

食便利粉

1935
新竹北埔

鋪著整潔石板的北埔上街，有個攤子上倒蓋著好多空碗，老闆身旁用煤炭煮著熱水的大壺，不斷咻咻叫響，那冒著煙的叫聲像有魔法，小朋友若得了零錢，總會被引到這攤子前，看老闆拿起空碗，舀兩匙白粉，放一點黑糖，摻一點綠豆，然後，滾燙的熱開水一沖下去，哇！不得了，白色粉末神奇變成一碗既Q彈又黏呼呼的好吃點心！

這是日本時代最常見的一種熱食，因為沖食方便，北埔客家人叫它便利粉，是由太白薯或樹薯塊根所製成，比番薯粉更有彈性，只要加一點糖，就是很適合小朋友入口的零食。早年農業時代缺糧時，樹薯是非常普遍且重要的食物來源，因為它耐旱耐瘠，栽植容易，不加管理也會滿山野生，戰爭期間，許多人家靠樹薯充飢度日，直至今日它仍是非洲人的主食。

1935年，鄧南光剛從日本回台灣，在現今的台北博愛路開設寫真機店，長子鄧世光留在北埔讓阿婆照顧，小姊姊般的女傭帶著鄧世光在街邊吃便利粉，剛好回北埔的爸爸從樓上捕捉到畫面，旁邊不知是誰的孩子，眼巴巴望著別人吃——那年代許多孩子是連一碗便利粉都吃不起的。

很多人乍看這張照片以為這是在吃碗粿，北部客家人稱碗粿為水粄，南部稱碗仔粄，老人家說，水粄是硬的，以前都用竹片挖著吃，便利粉是糊的，得用湯匙舀，照片裡那大孩子捧著正在入口的，黏糊的像羹一樣，仔細看可就分明了。

1935年北埔，鄧南光長子鄧世光在街邊吃便利粉，因為年紀小，由照顧他的小女傭餵食。

食點心

1950
新竹北埔

低低矮矮的典雅八角形小桌，兼具煮食和餐桌的功能，小販和客人圍擠在一起，別有一番吃食的熱鬧，溼冷的冬天裡，窩坐在小攤前，就著燙燙的熱油吃燒燒的炸物，可真是平民生活裡的小小享受。

老人家說，這看起來像是兩攤的生意，其實叫做「一擔」，是同個主人的，因為這擔子是行動式的，用挍（挑）的，也就是東西收拾好它可以用肩挑，所以桌子非常低矮，客人坐著像蹲在地上一樣，老闆可以移動到任何地方做生意。

別看這八角擔攤位不大，供應的東西可是海陸兼具挺有變化的，後方那攤用鍋子裝，可能是麵線糊或是「牽漿1」，也就是有勾芡的湯類，前面這攤賣油炸物，稱為「浮菜2」，浮就是油炸，正在炸菜會說「浮浮菜」，這發音聽起來有點童趣，也是小朋友最愛吃的菜餚和點心。

北埔一般用於浮菜的蔬菜多為南瓜、芋頭、地瓜等根莖類植物，炸鍋前面看起來有幾塊生花枝，小桌面有幾碗調味料，燃料用木炭或煤球，說起來這應該是現代「鹽酥雞」的祖先，可見炸物古今皆愛，假如腦筋動得快，複製這個可愛的八角擔在廟口賣吃食，應該是會蠻轟動的吧?!

1. 牽漿（kien53 ziong 53）：菜餚裡加入太白粉、蓮藕粉之類的材料，舀起來就會牽牽連連像漿糊的樣子，通指勾芡料理。
2. 浮菜（po55 coi11）：油炸時食材通常會浮起來，所以炸的動作叫做「浮」，炸好的菜餚就叫做浮菜，「浮浮菜」前面的浮是動詞，後面的是浮菜是名詞。po55 po55 coi11 唸起來很像小朋友在唸謠很有趣！

1950 年北埔街邊小吃攤的模樣。

走唱

1950 年代
新竹北埔

一對流浪夫婦來到北埔廟口，在整齊乾淨的廟坪石板上，蹲坐下來，妻子彈月琴，先生拉二胡，圍觀的人不少，希望今天的賞錢，可以生活個幾天。

「走唱、流浪藝人」是現代的用語，傳統客家人稱這樣彈琴唱歌靠賞錢維生的盲人，仍是稱「乞食」，或是「來分錢的」。婦人手裡拿的月琴，客家人不像閩南人說乞食琴，說琵琶琴，他們因眼盲而賣藝維生，和真正的乞丐不完全一樣，但客家人卻都用相同的字眼來稱呼。

農業時代乞丐很多，尤其光復前，他們大多拿著一個破碗公，有些破到碗看起來就像要解體裂開了般，大多是來乞討一碗飯菜圖個溫飽。街上有熱鬧祭典的時候，乞丐會突然多了起來，大家族有人出殯，他們會用一小塊豬肉排路祭[1]，以分得主人家的紅包，拿到了，還會跑到隊伍前面再排一次，因此為免困擾，有些大戶人家會在出殯前先去乞丐寮打點，要他們別出現。

另有一種乞丐，叫做「背笊仔[2]」，所謂的「笊」是指筒狀物，這種乞丐身上帶著竹筒和小木棍，用小木棍敲竹筒，擊出有特殊韻律的節奏，老人家說，遠遠聽到，那竹笊敲的真是好聽，到現在都還記得，乞丐之間應該是有師傅的，敲笊也得有師父教。

客家話說一個人運氣很背境遇很慘，像做生意失敗跑路，或是債台高築，就說此人「背笊」，想來應該是借用乞丐背笊的形象來形容落魄。

眼盲的流浪藝人傳承了古老的唸歌，昔日也曾流浪賣唱的楊秀卿已被列為國寶薪傳人物，為現實生活道盡辛酸的唸歌反而變成即將失傳的說唱藝術，時代如此變遷，不過就這幾十年，倒是老人口裡好聽的「背笊仔」，不知失傳到哪裡去了呢?!

1.路祭：出殯隊伍行經途中民眾自行祭奠之行為，喪家需答禮。
2.笊延伸詞還有：錢筒稱「錢笊仔」，銅罐稱「「銅笊仔」，「響笊仔」指警示鳴聲，如空襲警報。

1950 年代北埔，四處賣唱討生活的夫妻在慈天宮廟口賣藝。

射輪盤

1960
新竹北埔

這是最緊張刺激的一刻！老闆大大的左手持著輪盤柄，右手把香菸擱在桌邊，用力一旋盤緣！輪盤飛快轉動，出了錢買一支飛鏢的小朋友要趁它停下之前，趕快把飛鏢射下去，鏢兒跟著輪盤轉啊轉，所有人的眼睛也跟著轉啊轉的，大家心裡七上八下，因為假如射到最厲害的那一格，就有值回票價的零食可以好好享受啦！

在塑膠玩具和各色加工零食尚未興起前，射輪盤是廟口最受小朋友歡迎的攤販，因為它的獎品大多是平常不容易吃到的東西，像是魷魚乾、紅蛋、綠豆糕、糖果、芝麻餅、糯米糕等。幾毛錢一支飛鏢，就能迅速滿足小孩永遠停不下的口腹之慾，但是，前提還是得口袋裡有閒錢，這要不是等過年的紅包，就是得自己想辦法打工囉。

身材高大的老闆穿著厚厚的大衣，像是這些零食的守門人，小朋友頂著暖暖的冬陽，在他巨大的身軀下，玩著這怎麼玩也玩不膩的遊戲。不論是嘴饞想吃，還是手癢想試身手，圍在輪盤前享受揭曉前的那種專注和刺激，是課堂上如何也不會出現的啊。

1960 年北埔街，一名男學生射輪盤，轉盤還沒停住，圍觀的小男孩已經緊張到快要叫出來了。

食飯包

1935
新竹北埔

女孩子們多留著乾乾淨淨的長辮子，十來歲的男男女女一起坐在樹林裡野餐「食飯包」，這種現代人看來稀鬆平常的畫面，從前可不是隨便就能有的。只有經濟狀況不錯的家庭才會送孩子上學，尤其女生，田裡家裡幫忙做事都來不及了，還讓你讀書？可以「打夜學」就要偷笑了！

日本人來之前，所謂受教育就是到私塾讀漢文，這幾乎是沒有女學生的。日本人來了，開辦公學校，開始有少少的女生上學，但那是「大頭家」──像姜家彭家──才會讓女兒念書，翻開北埔公學校的畢業名冊，女畢業生寥寥可數。大戶人家的女孩子多有傭人幫忙梳頭，所以留著辮子，一般農家女孩多剪短髮以便工作。

想要同化一個民族，從語言下手是最快的。有鑑於公學校施行教育普及率太低，總督府在全島開始大量增設所謂「國語講習所」，就是初級日語教學班，由於在夜晚開辦，就被客家人稱為「打夜學」，雖然上課是免費的，仍然有很多遠道的農家並不方便往返。

公學校的行事曆裡，每學期都有規劃遠足活動，往昔北埔公學校遠足的地點約略是：南埔、南坑、秀巒山，鄧南光或許是就近在住家旁的秀巒山看見孩子們野餐吃便當，便拍了下來。於此同時，不知有多少男孩女孩，仍在田裡餓肚子忙著幹活呢！

1935 年，北埔公學校學生到郊外遠足時，坐在林子裡吃便當。

大地動
以後

1935
新竹北埔

田邊兩排看起來是以木板和竹子拼湊的寮子，卻有穿著體面、梳著客家髻鬃的婦女，和挑扁擔正在兜售青菜的農人，許多老人無法辨識這奇異的場景，出生於 1926 年的耆老李秀惠說，這可能是 1935 年大地震發生後，大家嚇壞了，在空曠地方臨時搭房子住了好幾個月才敢返家的克難時光。

1935 年 4 月 21 日清晨 6 點，台灣中部發生歷史上傷亡最慘重的地震，芮氏規模達 7.1 級，由於震央在苗栗關刀山，災情以新竹、苗栗、台中最慘重，故又稱關刀山大地震或中部大地震，這個地震造成當時新竹、台中兩州房屋全倒 17,907 戶，半倒 36,781 戶，3,279 人亡故，傷亡者共計 15,000 多人，可怕的餘震既多且大，範圍又廣，持續了三個月，使災情更加雪上加霜。

在這場災害中，北埔上街華麗的巴洛克式洋樓立面幾乎全倒，當時家家戶戶都不敢回屋裡，唯恐地牛再度翻身索命，連天水堂的姜家都在金廣福前面的廣場搭起臨時屋避難，街上居民沒有多餘空地的，就只好到田邊湊和著搭竹寮，所以各地出現了三三兩兩的簡易屋舍，而另一方面，也是因為屋子都震壞了，修繕的時候沒地方住，只好將就搭寮舍棲身。

根據日本人統計，當時北埔住家建築倒塌率 42.4%，大坪派出所全毀、北埔公學校半毀，重大破壞者還包括北埔信用組合、北埔庄役場、慈天宮、姜氏家廟、彭氏家廟等，所幸無人死亡，傷者共計 30 人。

與鄰近地區相比，北埔算是超級幸運兒，因為峨眉、南庄田尾、大南埔，苗栗公館石圍牆這些地區的屋舍倒塌率是 100%，家園形同一片廢墟外，許多人更是痛失至親。

地震伴隨的斷層、地裂、山崩、地陷、地鳴、噴砂、噴水等異象，在無數災民生命裡烙下難以抹滅的記憶和傳說，能以如此簡易屋舍度過劫難，已是不幸中的大幸，任誰也不敢喊苦的。

1935 年台灣中部大地震之後，北埔民眾在田邊搭起寮子，暫時安身。

小市集

1935
新竹北埔

小販用米籮[1]挑來了水果，從鳳梨、香蕉可推測季節應是盛夏，那圓圓大大的不知是西瓜還是柚子，旁邊還有棚子，裡頭有擺鍋具的，也有看起來是賣點心的，遠處有一群頭戴竹笠的人群，不知是在等待分派工作，還是在觀看什麼。

一切是這麼難以解釋，難道是某場祭典活動的邊緣地帶嗎？耆老李秀惠看這照片想了半天，說：「可能是大地動過後大家不敢回家住，才有這種在空地上做小買賣的攤販。」

然後就是一連串的地震記憶：土裡出現可怕怪聲音，半截煙囪從天上掉下來，到處都是哭喊的人們，土磚砸死人豬雞鴨，從瓦礫堆裡拉出來的親人，慘狀不忍目睹，倖存下來的人在街頭露宿了好幾天，還好當時不是寒冬。

一對要結婚的新人，新郎一早從竹東往峨眉迎娶，走沒多久發生大地震，來人報信說今天娶不成了，峨眉太慘了……，於是花轎和禮品轉回頭，新郎則趕去準岳家幫忙，新娘把預備要宴客的粢粑，也就是麻糬，速速分贈給左鄰右舍，倉庫裡幾十斤白米被土堆淹沒，趕快挖出來好當這幾天的公糧。

然後那位新郎突然想到，擇日先生有說，這一天會嫁娶不成，但新郎和新娘並不會分離，至於原因，算不到耶……。

不知道這對夫妻後來是不是在這樣的市集裡做買賣，還是在人群裡等待派工，無論如何，就算美好的婚禮遭天災所破，能夠在大劫之後繼續攜手人生，那是何等令人珍惜的平凡幸福！

1. 米籮：竹編圓籮，網目細密，盛裝穀物用，所以稱米籮。

1935 年北埔，人們因為當年的大地震暫時在郊外搭棚度過餘震期，水果攤、小吃攤也擺了出來，大家盡量如常過生活。

大家个義民爺

1961
新竹新埔

1961 年的農曆七月，義民廟前的普渡科儀如火如荼，廟後的義塚前，也陸續有鄉民不辭路遠，用米籮或籮篙[1] 挑著備好的祭品，誠心感恩護土捐軀的義民祖先。

義民是指在林爽文事件殉難的客家先人，他們可能是羅漢腳，也可能各有家室，卻都為了保衛家園而成了無法回家的亡魂，後人感念他們的義勇，遂很親暱的稱他們為義民爺、義民爺爺或義民爺公，在漫長的歲月裡，義民爺信仰漸次擴大，成為北客家最重要且普遍的信仰，並分香到南投、嘉義、高雄各地。

義民爺信仰裡有特殊的「挍（挑）飯」習俗，一說源自於當年民眾準備飯菜軍糧並輪流挑擔到駐軍處，義民廟塚設立後，鄉人仍經常挑著家常菜飯前往祭拜，這就是「挍飯」，翻成國語就是挑飯、奉飯。另外，根據學者邱彥貴的研究，挍飯與喪儀中除靈合火[2] 前的奉飯、扛飯類似，把去世先人當作猶在世一般親奉家常菜飯，這更證明了義民爺不是無主孤魂，他們是有主的先人，只因無法辨識，所以才合葬一處。

許多人誤以為挍飯是中元節才有的習俗，其實像竹東惠昌宮、北埔慈天宮、關西金錦山義民廟，至今仍每日挍飯，新埔本廟反而變成初一、十五才有挍飯。

挍飯不規定早晚，有人午前挑去，有人是下午或黃昏。這些為義民爺煮食的客家媽媽，一煮煮了兩百多年；米籮一挑，也挑了兩百多年，家族掃墓尚且只是一年一度，這義民信仰，家家輪值，日復一日，竟是如此家常動人。

1. 籮篙：多層竹編提籃，參見 P.138〈掛紙〉
2. 除靈合火：殯葬習俗中頭七或百日或滿週年時，撤除死者靈桌，將其牌位放到祖先牌位旁稱「除靈」；而再擇日撤除牌位，將逝者爐灰取一小撮放入祖先香爐，並將其名字寫入祖先牌位則稱為「合火」。

1961 年新埔義民廟，民眾挑著供品來到義民塚前，準備祭拜義民爺。

新埔義民廟 1786年（乾隆51年），林爽文事件爆發，客家先民為求自保，組成1300多人的義民軍，與閩軍、官兵合力平定戰事，義民軍犧牲慘烈，曝屍曠野，鄉人駕牛車在各地收集了兩百多副骨骸，前往湖口設立塚廟。到了枋寮時，牛隻任人如何催打吆喝，就是再也不肯走動，經焚香跌筊，才知忠骸有意合葬於此。地主戴家慷慨捐獻土地，成全今日所見義民大塚，1788年冬再由林先坤、劉朝珍、陳賢聘等人募資興建廟宇，乾隆帝賜「褒忠」區，而有褒忠義民廟之名，並逐漸擴展為15大庄祭典區，涵蓋新竹、桃園19鄉鎮，共約一千平方公里、80萬人口的範圍，是全台香火最盛、祭祀區最廣的義民廟。

義民廟
做中元

1961
新竹新埔

農曆七月各地無不普施孤魂，為避免各廟撞期，新埔義民廟的中元普渡定在 20 日。1961 年，輪到大隘地區主祭，鄧南光隨著擔任總爐主的姜家親友，來到新埔，拍下一系列中元普渡的紀錄。

這一天，象徵管理孤魂野鬼的「大士爺」已被請到廟門口坐鎮，紙糊的靈山山神和福德正神在兩旁，道士準備要請天神的壇子已經搭好，左邊三個戴斗笠的農人在看「大榜」，也就是當年參與普渡領調的名單，大隘輪值的這一年，大榜上少不了該地區領調的各大家族。

新埔義民廟的祭祀區至今稱為 15 聯庄，有著漫長的發展史，義民廟建成於 1790 年（乾隆 55 年），最初祭祀活動為自發性質，由死難義民的家屬親友、建廟人士或後裔，以及廟附近各庄士紳居民，每年在清明前掃墓，並於中元普渡祭祀。

到了 1835 年（道光 15 年），義民廟施主、首事等人倡議邀集新竹、桃園客庄參與輪祀，獲得熱烈響應，祭祀區遂擴大為六家、下山、九芎林、枋寮、新埔、五分埔、石崗、關西、大茅埔、湖口、楊梅、溪北、溪南 13 大庄，每年由各庄輪值總爐主。

1877 年（光緒 3 年），竹塹區最後墾成的大隘三鄉加入成了第 14 大庄，由姜家的「姜義豐」公號擔任值年總爐主。姜家其實與義民廟淵源頗深，早在道光年間，姜秀鑾就曾以九芎林總理的身分經管廟方事務。

1976 年，溪北區劃分為新屋觀音兩區，成了 15 大庄。1977 年，廟方將七月的義民祭典改稱「褒忠亭義民節」。

從日本時代到光復初，大隘三鄉輪值爐主的年分別為：1905、1919、1933、1947、1961，鄧南光可能拍攝的年代應是 1933、1947、1961。以照片的前後關係和人物研判，他並沒有在大隘輪值以外的年份來到新埔拍攝。而他所拍下的這一系列畫面，對比於今日祭儀，變化並不大，這也成為義民信仰裡，極為珍貴的歷史紀錄。

1961 年新埔義民廟，大士爺坐鎮門口，左土地公、右山神，一年一度的普渡即將展開。

義民廟興修 1895 年日人據台的兵災下，義民廟曾遭燒毀，1899 年各庄捐資重建，費時五年才完工。戰爭期間，日人推展皇民化運動，只准人民參拜神社，準備廢義民廟並沒收廟產，幸有地方人推舉代表遠赴東京，向日本國會陳情客家義民並非迷信而是崇祀祖先，方得保存。1964 年後，義民廟陸續興工修繕，內政部於 1985 年公告為三級古蹟。

義民之子
姜振驤

1961
新竹新埔

客家代有義民出，乾隆末年林爽文事件先民舉兵自衛，平亂後成了義民廟的先祖；1895 年日本人進台灣來了，北埔墾首之後姜紹祖雖然只有 19 歲，卻慨然挺身廣散家財招募義勇，組織五百餘名「敢」字營義軍起兵抗日，姜紹祖後來戰敗被俘，於獄中吞鴉片自盡，遺腹子姜振驤，就是照片上左邊這位老先生。

姜振驤出生於風雨飄搖的 1895 年，當時含悲忍痛的祖母唯恐日人清算家族，把他的母親送到山中待產，一個月後他平安出生。成年後他擔任新一代姜家領導人，自 1927 年起就擔任義民廟協議會之首，並代表大隘地區一共擔任了四任義民廟值年總爐主，從黑髮少年到白頭，義民之子掌義民事務，冥冥之中，是否有所安排？

在輩分上，鄧南光要稱呼姜振驤為堂兄，他擔任四次義民廟中元祭值年爐主的年代分別是 1933、1947、1961、1975，鄧南光在 1961 年拍下堂兄 66 歲的身影。

姜振驤從總督府師範學校國語部畢業後，本欲赴日留學，卻因家人擔憂遠行生故而成為早稻田大學的校外生。從日本時代以來，他就身居要職，地方名望很高，1946 年，代表新竹地區參加光復致敬團前往中國大陸各地拜會，同行團員包括林獻堂等全台十數名望族士紳。1977 年，姜振驤以 82 歲高齡逝世，妻子黃金妹，在 1996 年以 101 歲高齡去世，是北埔著名的百歲婆。

站在他身旁的是邱石勝的三子邱文球，邱石勝是北埔著名的漢文老師，也是姜紹祖的私塾同窗，紹祖去世後，邱石勝為他寫了多篇紀念詩文，使後人得以一窺紹祖性志。姜邱兩家為世交，每逢祭典邱家必有領調參與，因此留下了如此饒富紀念性的合影。

1961 年，大隘三鄉輪值新埔義民廟中元節，左邊這位是值年總爐主——北埔姜家的姜振驤，右邊是北埔名人邱文球。

大士爺

1961
新竹新埔

每年的中元節，最讓小朋友又愛又怕的，就是那尊站在廟門口的「大士爺」。他長得很高大，臉上青青的，牙齒露出來，嘴巴裡不知道吐的是舌頭還是火焰，小朋友很害怕，卻又總被他奇特的模樣和鮮豔的色彩深深吸引，看媽媽很安詳的膜拜他，這是怎麼回事呢？

鬼王大士爺，相傳是陰間帶頭作亂的惡鬼，後來被觀音收服，反過來幫忙觀音管理眾鬼，所以他頭上必定有個觀音坐鎮，每逢中元普渡，為恐眾魂不守秩序爭先恐後你爭我奪或是無故作亂，鬼王大士爺總要坐鎮廟前，別看他身穿鎧甲相貌猙獰，其實是來保護善男信女的。

看照片的北埔釋教法師周文洸，認出了大士爺兩旁的對聯是北埔耆老陳逢燕所書，內容與北埔慈天宮做中元一模一樣，更證明了這一年是由大隘三鄉輪值爐主。

畫面外廟門兩側還有「山神土地」，即騎獅的靈山山神、騎虎的土地正神。這些糊紙組合出中元普渡特有的儀式空間，於普渡尾聲火化，代表儀式完全結束。

而這些塑像是誰做的呢？新埔街上有間劉姓糊紙店，五代經營此業，早期交通不發達，無法運送巨大的大士爺，得住到廟裡做，手工剪製竹子和紙張，加上彩繪，要五、六個工人足足做一個月才能完成。

從前糊紙業的社會位階並不高，到了沒有客房的廟裡，有些男工甚至還克難睡神桌下，他們回憶，自己宛如流浪工人，遠至高雄旗美義民廟、美濃廣善堂，都曾去工作過。

糊紙店的劉太太說，往昔大士爺的臉部比現在大一倍，樣子真的很可怕，加上農業社會環境單純刺激較少，除了嚇鬼以外，還真會嚇到小朋友。現在臉譜愈改愈親和，連大士爺公仔都出現了，糊紙師傅也被尊稱為手工藝師，還就近成立紙藝民俗館，想看大士爺，不用等中元了。

上：1961 年新埔義民廟中元節，婦女在魁梧的大士爺前燒香禮拜。
下：1961 年新埔義民廟中元節的「山神」紙糊像。

大豬公來了

1961
新竹新埔

農曆 7 月 20 日上午時分，信眾將敬獻的全豬全羊和祭品載來新埔義民廟前，準備參加中午的正供和晚上的普渡，這就叫做「獻供」。廟前看熱鬧的鄉民，在車子剛停妥人都還沒下車就湊過來——大家是要看看，現在來的這隻神豬有多大！

往昔農家貧苦，人連三餐溫飽都有問題，飼養豬隻大多是為了補貼家計，所以專門為中元普渡所獻養的豬，就是敬拜義民爺最極致的誠心表現。大家相信，神豬養的愈重愈大，或在一年一度的神豬比賽得到勝利，就愈能凸顯他們的虔誠，未來一年也愈能為全家帶來更好的運氣，因此很多農家都以萬分神聖敬重的態度飼養神豬，神豬大賽也成為中元普渡一大高潮。

看照片的耆老說，在 1961 年，全新埔只有兩台卡車，這應該是從比較遠的輪值區來的車子。他說的沒錯，當年正是由大隘地區輪值，因此是前一天比賽完畢的神豬，在清晨宰殺處理後才從北埔運來，車尾除了放著祭品祭旗，車篷頂端還吊掛著兩張神豬的玉照，可見這主人除了誠心敬獻，也對自己的神豬感到無比驕傲與光榮。

此刻的義民廟坪，正是各家擺設祭品的熱鬧時分，有能力的人敬獻全豬全羊，小康之家以雞鴨供奉，所有人的心意都一致：希望在義民爺的統領下，酬謝天恩，普施孤魂，全境平安。

上：1961 年新埔義民廟中元節，鄉民圍觀剛運送抵達的大神豬。
下：1961 年新埔義民廟中元普渡的大神豬。

準備入廟

1933
新竹新埔

這原是一張極難辨識的作品，假如不了解鄧南光的家世，不了解北埔和新埔義民廟的關係，這張照片就是個謎團。畫面裡有書寫姜、鄧、黃三姓氏的字姓燈，及領調者的旗幟，有準備敬獻的大豬公和米籮裡的祭品，還有看起來累癱了躺在地上休息的挑擔夫，和戴著紳士帽穿西裝聊天的主人家，這一切，都是中元普渡的元素。

從旗幟上書寫的癸酉年可以判定，這就是大隘輪值中元爐主的 1933 年，義民廟總幹事說，這應該是已經來到義民廟東側池塘邊，在入口不遠的地方休息，馬上就要進廟獻供了。

燈籠上寫的三大姓，應是北埔姜家、鄧南光家的鄧家，以及峨眉首富黃家。往昔 14 大庄輪值，最遠的是南邊的大隘和北邊的桃園觀音，大隘鄉民要趕在清晨之前殺好豬，然後挑擔出發徒步到新埔，抵達時已將屆中午，晚上在義民廟普渡收拾之後再走回大隘，到家時又是另一個清晨了。

北埔鄉野間流傳這樣的笑話：普渡完畢全豬就可以分割，以減輕挑擔的重量，沒想到要挑回家的四份豬肉，挑到北埔只剩下兩份，因為半夜挑擔太辛苦，好心來幫你「換肩」的人雖挑走一半，結果卻是挑回他家去了。類似這種義民節小小攔路虎的民間故事，據說路途同樣遙遠的楊梅、觀音也有。

據鄧南光的侄子姜良旭回憶，曾祖母鄧登妹為了避免到義民廟做中元之奔波辛勞，索性在義民廟旁買了兩甲多的田與山，有老伙房[1]，大家可以在那裡吃住休息、準備祭品等，不用大半夜來回奔波；為了 14 年一度的祭典而買田地屋舍，鄧南光家境之豐饒富裕由此可見一斑。

1. 伙房：客家人對三合院、四合院等合院建築的泛稱。

1933 年新埔義民廟中元節，北埔鄉民遠道挑來神豬、牲儀、調燈和旗幟，準備進入義民廟參加祭典。

獻午供

1961
新竹新埔

農曆七月天熱烘烘的正中午，尖銳的嗩吶聲在義民廟坪衝破嘈雜的人聲，宣告中元拜天公的正供開始了。道士的鐃鈸聲、誦經聲，節奏有次的相互配合著，怕晒的女士們撐著傘，打赤腳的少年目不轉睛的仰望著魁偉的大士爺，天氣好熱啊，身披長袍的兩位年輕法師，不自覺的，皺起了眉頭。

義民廟的中元，一般從 7 月 18 日下午結壇開始，歷經奏表等繁複法會後，在 20 日的午時，進行整個祭典最重要的儀式「正供」，內容主要是拜答天恩酬謝眾神，一般人稱之為「獻午供」，又稱拜天公。此時，前來獻供的各調首早已把豬羊備妥，在農業社會，這些最重最肥的豬、角最長的成羊，是敬獻價值最高的祭品，拿來奉獻給義民爺和眾神祇，是對所有降臨的神明最最無上的尊崇。

畫面裡主事的法師，是新埔街上有名的陳成耀，他出生於 1925 年，從祖父陳泰佛、父親陳茂才到他的孫子輩，家中執法師一業已有五代，這年他正值 36 歲，聲名遠播。左邊吹嗩吶的，是人稱「曾標」的竹東法師曾敬沐，而沒拍到身形只看到手按嗩吶的那個人，則是人稱「雷乾」的北埔法師周金乾，他的兒子周文洸一看照片就說：「這是我父親的手。」

他們會一起出現，是因為陳成耀家族對義民中元祭最為熟稔，本就是中元法事的要角，而這一年大隘輪值爐主，特邀竹東、北埔的傑出法師助陣，才形成此陣容。

時光荏苒，這些當年參與法事的要角多已作古，但熾熱七月天裡，義民廟做中元的誦經聲，是無論如何也不會停下來的。

1961 年新埔義民廟中元節，道士誦經，嗩吶齊鳴，宣告開始拜天公。

神豬

1961
新竹新埔

好大一隻豬公！嘴裡含著象徵福旺的鳳梨，脖子上掛著銅錢串起的項鍊，耳朵上有兩支黃金色紙做的「金花」，這隻有入等而且是一等獎的神豬，獎狀上寫著，牠有 939 斤重！

不知打何時起，敬獻義民廟的神豬開始有了競賽活動，演變至今成為全台規模最大的賽豬羊活動。有「打等」得獎的神豬宰殺並取出內臟後，會以特製的棚架撐起身軀供人觀賞，照片所見牠兩旁有紙糊的龍鳳吉祥蟠飾，更旁邊有裝飾繡燈，正上方是飼主的姓名，通常在普渡深夜，棚架拆除、將之割成豬肉條分贈親友後，普渡才算畫上句點。

傳統上大豬公都是虔敬的信徒親自飼養，到後來發展出專門養神豬的行業，想藉敬獻神豬表示心意者，屆時只要購買即可。神豬飼養並不容易，因為體重到了一定程度，牠活動力就會減弱容易生病，飲食衛生環境各方面都要非常小心，以免前功盡棄，夏天要吹電風扇，冬天要注意乾燥保暖，吃食也不可隨便。義民廟每年輪值區的神豬少則千餘頭，多則數千頭，飼養期往往超過兩年，現今前幾名的重量大多達到千斤以上了，而這些神豬比賽有入等者，不僅廟方公開獎賞，親朋好友們也都會打製金牌以添主人光采，可見神豬在義民信仰中占有多麼重要的象徵意義。

考之古今中外，以大型全牲如牛羊豬獻祭，確是最隆重之古禮，但隨著社會型態轉變，許多人開始倡議中元節勿再殺豬，用糯米麵粉捏製素豬代替即可，鄧南光的叔叔姜瑞昌在日本時代擔任庄長時，就曾因衛生考量而有此先進倡議，卻頗受鄉民非難；時至今日，在許多信徒心中，仍要敬獻全豬才能完全代表他們真誠的心意。

傳統與現代的辯證，在這神豬的存廢與素化間，你來我往喋喋不休，而神豬，依舊年年咬著鳳梨，默默等待那個不知何時才會出現的定論。

1961 年新埔義民廟中元節的大神豬，裝飾華麗，一旁還懸掛著一等獎的獎狀。

獻午供个
下晝

1933
新竹新埔

三枝高高的燈篙說明了這是新埔義民廟在做中元，壯觀的人潮把廟坪擠得水洩不通，彷彿連隻螞蟻也鑽不進去，大家朝同一個方向看，仔細端詳，裡頭還有婦女梳著傳統的客家髻鬃，大部分人戴著斗笠，因為他們是農民，下田出門都習慣戴斗笠，何況是這燠熱的七月天。

這照片太久遠了，拿著去問老法師，他說：「應該是要放水燈之前才有這麼多人，但是，沒看到水燈牌呢？」研究儀式的學者邱彥貴說，這應該是獻午供之後的下晝1，大家朝著一個方向看大戲，因為水燈只有領調的人要放。獻午供是最重要的正祭，整個中元祭典的元素於此時最為齊備：神豬、神羊、花鼓、八音、大戲、糖糜、小販，來祭拜的加上看熱鬧的，足以把廟坪擠爆了，所以不論古今，義民廟人山人海的時分必是正供前後。

可惜照片太糊了，無法清楚辨識，左邊大樹下很像豬羊形狀的是不是豬羊，樹下掛著字姓燈是什麼姓呢？最右邊有個棚架到底是什麼作用？而廟後面還有和現在很不一樣的布置……。

傳統義民廟的中元祭典，是到深夜拆燈篙、焚大士才算完成，因此獻午供之後會一直熱鬧到黃昏，但現今 20 日下午約兩點，大家就把豬羊載回祭典區，改在本庄普渡，義民廟前反而冷冷清清了。

除了輪值庄、賽豬公、放水燈、大士爺、挑飯，「吃糖糜」也是特殊的傳統之一。客家話的「糜」是粥，但其實這裡吃的並不是粥，而是白飯泡黑糖薑汁，往昔前來參與祭典的鄉民，大多一早遠道徒步，時屆中午，飢腸轆轆，廟方遂發展出煮黑糖薑汁加白飯給大家充飢的傳統。吃白飯不吃粥，是因為白飯較有飽足感，才有力氣再走回家，而黑糖富含營養，能補充體力，薑汁則是預防勞累的七月天不小心淋雨感冒，每年中元節三天，廟方要煮掉好幾千斤的白米，光看畫面的人潮就不難想像，這一下午可是要吃掉多少碗的糖糜呢！

1. 晝：白天之意，上午稱上晝，下午則稱下晝，猶如閩南語的下晡。

1933 年新埔義民廟中元節的人潮。

吊棧

1933
新竹新埔

北部客家人對義民信仰的虔誠，除了全庄動員，還可以從中元普渡的「吊棧」之多，見其熱切，鄉民們對自己的生活簡省之至，畫面裡斗笠上的竹葉都掉了一半還繼續戴，但一年一度的中元祭品卻絕不可輕省。

「吊棧」是老客家字眼，海陸腔讀音如吊淺（diau11 cien24）。現在中年人多隨閩南人稱其為「肉山」，好不容易有老者講出名稱，字倒是不知怎麼寫了，老人家說是「餞」字，但客語字典上該字的讀音卻是 zien，研究儀式的學者邱彥貴說是「棧」，跟頭城搶孤的「孤棧」是同一回事，但棧的海陸腔讀音卻是 zan11 或 can11。

不論怎麼寫，這都是以竹子搭起錐狀架子，放在義民廟前廣場，供民眾吊置牲儀的臨時裝置，為何會出現這種設計呢？因為信徒眾多，祭品也跟著多，供桌和場地都不夠用了，只好往上空發展，把祭品吊掛起來，既省空間，也形成特殊的裝置視覺。另一種說法則是：中元普渡時，只有輪值祭典區可以把牲儀放在供桌，其餘非輪值區信徒則利用吊棧掛祭品。

通常廟方在農曆 7 月 17 日就會搭好架子，並在架子最上方插一支醮旗，上面書寫輪值庄名，信徒在 20 日下午開始準備普渡時，就一一吊掛上去，不論雞鴨魚肉都可以，一個很親切的說法叫做「這是給義民爺請人客的」，也就是讓義民爺施捨給孤魂野鬼。掛牲儀時，並不限定要掛一對，單副也可，各家會各做記號，以方便取回，所以這座吊棧是從 20 日下午掛到深夜，等普渡結束「收普」了才會被取回。

這項傳統約在 1970 年代消失，直到 2006 年義民廟慶祝建廟 220 年時，廟方特地再搭起這百年傳統，只是這時大家都已不知它原名為何了。

1933 年新埔義民中元節，吊棧上掛滿了雞鴨牲儀。

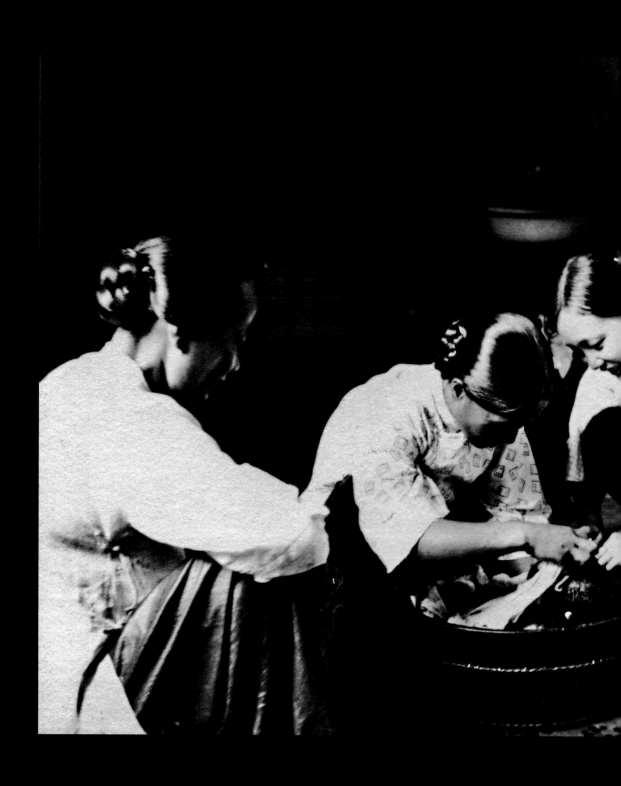

家族面貌

沒有富裕的新姜家族作為後盾，台灣攝影史上就不會有鄧南光。鄧南光的家族發跡頗多傳奇，每一張肖像照背後，都蘊含著說不完的故事，但婚喪喜慶和生離死別的命題，卻是永遠環繞著每個家族的。

長子的出生和成長、弟弟和小舅的婚禮、山裡辛勞的佃農、街上的親族長老，如此一一入鏡；而在春雨綿綿的清明時節，他拍下祖母和家人為曾祖父上墳的身影，一些年月後，祖母、父親、母親、叔叔相繼告別人世，鄧南光在這些喪禮中，並沒有讓他的相機隨著悲傷而停下快門，他這一系列的喪禮紀實，不論是攝影美學，或以人類學角度，都是獨一無二極其珍貴的客族文化資產。

二次大戰中期，鄧南光的二哥鄧騰釪、堂弟姜煥蔚被日本徵召赴廣東當通譯，舉家「歡送」的場合，躲藏多少家人的憂心和時代的辛酸，這一批出征紀念，已不是家族的規格，而是台灣被殖民的傷心過往。

鄧南光這些家庭紀實，微觀看來不脫生老病死喜怒哀樂，宏觀看來卻是老台灣的時代印記啊。

新姜个婦人家

1935
新竹北埔

新姜家族的主母鄧登妹,把么子姜瑞鵬過繼給老姜姜榮華,姜瑞鵬一家住在天水堂的廂房,另外在北埔的大湖蓋了一幢避暑用的別墅,名曰「常綠居」。這一天,鄧登妹帶著媳婦、孫媳和曾孫,來到這裡遊玩,留下這張難得的合影。

以鄧南光為中心來看照片裡的人物,左一是他的妻子潘慶妹,左二是大嫂彭月秋,左三是長子鄧世光,左四是母親吳順妹,持雨傘的是祖母鄧登妹,右二是小叔姜瑞鵬之妻徐嬌,右三是堂弟姜煥蔚的妻子黃玉貞,右一打赤腳的可能是傭人。

從這三代婦女的衣著,看到了時代的變化,傳統的客家婦女為求勞動方便,衣著文化裡是沒有裙子的。最年長的鄧登妹一派古意,大襟衫配黑長褲布鞋,長媳吳順妹和長孫媳彭月秋,也仍然維持客家傳統穿著,只是顏色款式稍有改良,鞋子的樣式也有了變化,到了潘慶妹以下,就已經改穿西式大衣和裙子,而且,開始穿起有跟的皮鞋了。

這四位姜家媳婦來頭都不小,彭月秋來自竹東彭屋,潘慶妹出身新埔潘屋,徐嬌是新豐庄長徐慶火的女兒,黃玉貞是頭份黃維生家族的千金。大戶人家講究門當戶對,從第三代的聯姻對象,可窺見新姜家的財勢和活動能力,已經躋身新竹地區首屈一指的豪門望族。

1935 年,北埔新姜家族主母鄧登妹(前排著黑衣黑褲者)帶著兒媳、孫媳與曾孫,於么子姜瑞鵬的別莊「常綠居」留影。

日本時代客族婦女衣飾三部曲——傳統大襟衫、改良式、西式

改良式衫褲，花色布面的七分喇叭袖短大襟衫，和寬大褲裙。

西式裝扮

有跟皮鞋

傳統大襟衫，年長婦女多著黑、藍色。大襟、袖口無配色鑲緄。

寬褲管

烏褲（九分大襠褲），窄褲管，通風衛生，活動也方便。

黑色布鞋，鞋頭類似傳統的勾嘴鞋。

新姜主母
鄧登妹

1936-37
台北

這是鄧南光的祖母鄧登妹到台北探望鄧南光及其二叔姜瑞金，在台北出遊時留下的晚年紀念照。當時家族的年輕男女都已經改穿西式衣裝，鄧登妹除了偶爾過年穿和服給日本人拜年，平日仍習慣穿著最傳統的大襟衫和寬烏褲。

鄧登妹與夫婿姜滿堂在一代之間累積了龐大的財富，第二代亦在地方上舉足輕重，相對於姜秀巒家族，北埔人稱他們為新姜，說「薑是老的辣，北埔的新姜比老姜辣」，新姜致富的關鍵人物，就是鄧登妹。

鄧登妹生於 1867 年，小時跟著教漢文的父親從廣東來北埔。父親將她許配給姜滿堂，約定長男回歸鄧姓承接香火，這就是鄧南光的父親姓鄧不姓姜的由來，這種婚姻俗稱「半招嫁」或「抽豬嫲稅1」。姜滿堂與她成婚時可說身無分文，兩人胼手胝足開了一間小雜貨店，姜滿堂善於交際，鄧登妹精於理財，待客有道，短短幾年成為大商號。日人來了後，姜滿堂更取得鴉片專賣和樟腦特許，財勢扶搖直上。

早年北埔人戲稱「姜滿堂，貓兒大過豬」，指他們獻給神明的豬比貓還要小，說法雖誇張，但可見鄧登妹持家之勤儉，不打腫臉充胖子，也不怕遭人議論。鄧登妹賣鴉片很出名，小指甲挑起一丸，就是精準的一份，拿秤子來秤，絲毫不差。中元節做大戲，店鋪就在戲棚邊，她生小孩月子還沒做完，仍跟著看戲人潮做整夜的生意；山裡原住民很需要鹽，買鹹魚時鄧登妹總特意塞一大把鹽在魚肚子裡，於是山產收購轉賣就更好做了。

姜家的使女阿林姊對這位新姜主母印象最深刻的是，她曾在廚房裡對大家說：「妳們要挑怎樣的嫁？要西裝革履的？還是可以給妳綾羅綢緞的？我嫁妳們公太2的時候，他的包袱仔沒一個米升3這麼大！」

1. 豬嫲即母豬，抽豬嫲稅一般多指農家將母豬送人者，日後可得小豬若干，衍生到婚俗中無男性子嗣之家庭招婿時，約定部分子女從母姓以取得香火，但鄧登妹是嫁到姜家，因此是「半招嫁」。
2. 公太：客語稱曾祖父為「公太」，曾祖母為「婆太」。
3. 米升：計量米的容器，一斗為十升，一升為十合，每升約重 1.5 公斤。

1936、37 年間，鄧南光祖母鄧登妹在台北遊憩時留影，雖年事已高，神情姿態依舊精明而堅毅。

大伯姆
1939
新竹北埔

這是鄧南光的大嫂彭月秋,抱著二哥鄧騰釪的兒子世一、大女兒秀娥一起合照,他們要叫她大伯母(客語作姆),為這張照片講故事的,就是大伯母懷裡的世一,和他的弟弟世傑。

鄧南光的大哥鄧騰芳,出生於 1900 年,他在 1920 年與出身竹東望族的彭月秋結婚,1925 年生下長子鄧世源後,很不幸於隔年因肋膜炎去世,鄧世源後來成為北埔第一個考上台北帝國大學醫科的高材生。

身為鄧家長媳,彭月秋侍奉公婆甚孝,公公鄧瑞坤喜歡喝酒,全由彭月秋掌廚伺候,鄧瑞坤也特別疼愛這位守寡的長媳,分家時,大房分得了秀巒山下的柑園。後來鄧世源習醫畢業先派駐竹東衛生所,後返鄉在此開設診所,這裡就成了北埔人慣稱的「世源醫院」,直到 1982 年去世為止,他都在這裡看診。

世源醫院是當時北埔的百果園,種有許多北埔人罕見的水果,一些鄉民回憶起兒時喜歡跑去偷摘的往事,猶記得當年女主人彭月秋慈祥親切的模樣,而那時,她當然已經變成阿婆了。

2008 年,在鄧世源之子鄧永堅醫師慷慨提供場地下,世源醫院又成為鄧南光影像紀念館,豐富的家族影像在此展現,彭月秋年輕美好的影像,高掛於此。

彭月秋懷裡抱著的姪子世一,是鄧騰釪的長子,祖父鄧瑞坤對他寵愛有加,在他滿月時還殺大豬請客。他長大後曾到鄧南光的店裡學習拍照和沖印技術,對叔叔在藥水、相紙各方面高品質的要求,以及絕對自己沖印作品、不假手他人的創作習慣,印象非常深刻。

鄧南光的大嫂穿著傳統大襟衫、黑褲、包鞋,頭髮梳得很整齊,坐著的籐椅編工精緻,孩子們的衣著也都有色彩和花樣,1939 年的照片,時至今日,仍散發著大戶人家的氣派。

1939 年北埔姜家庭院,鄧南光大嫂和姪兒姪女留影。

家族
大和解

1934-36
新竹北埔

乍看之下，這裡很像北埔慈天宮，一群士紳有著傳統長袍的老者，有筆挺西裝的新生代，還有一位穿著日本和服。從服飾可以看出這是中西並陳、台日交會的年代。但是，任誰也猜不出，這是一場酒會衝突後的家族大和解，地點在姜家祠。

事件的兩方主角是老姜家族的姜阿新，和新姜家族的姜瑞金。姜阿新是北埔庄助役，即鄉長祕書，且在北埔、峨眉、橫山、五峰、大坪等地經營茶工廠，是當時罕見的大實業家。而姜瑞金在輩分上是姜阿新的叔公，於北埔公學校任教數年後，轉往銀行界、茶業界發展。

在一次地方要人的餐會中，兩人意見相左，發生爭執，姜阿新竟拿起桌上的玻璃酒杯往姜瑞金臉上丟去，導致姜瑞金臉上被玻璃割傷，舉座譁然。據姜瑞金的次媳姜杜春蓮女士回憶：她的公公一向有「好好先生」之稱，遭此羞辱也不想太過聲張，但是其母鄧登妹，對此卻非常不悅，因為不論是輩分或年齡，姜阿新都是以下犯上，有過也。

此事讓老姜當家的姜振驤傷透腦筋，因為肇事者是他的姪子，受傷的是他的長輩。他積極奔走，邀請雙方親朋長輩和地方人士共聚一堂，大家好言勸解，在華美的姜家祠前焚香立誓後，由姜瑞金的姪子鄧南光掌鏡拍照留念，為這起事件畫上完美句點。

勸解的公親中，在姜阿新方面，有岳父詹先生、叔叔姜振壎、姜振驤，以及曾任南庄庄長的姜振驤岳父黃煉石。姜瑞金則請來哥哥姜瑞昌和他的親家黃維生，此人是竹南頭份一帶的大實業家，大哥鄧瑞坤、弟弟姜瑞鵬也作陪。

前排左三的邱石勝是教漢文的私塾老師，北埔子弟多受教於他，最受敬重。三排左一的彭清欽是代書，前排右三的公醫羅享標是最早受西式醫療教育的地方士紳。在這些大老的見證下，燒完香拍完照，大家又可以開開心心吃飯喝酒去了！

1930 年代，老姜、新姜因故爭執，在親友和地方士紳斡旋下，於姜家祠和解。前排左起：姜重山、姜娘送、邱石勝、黃維生、詹先生、黃煉石、羅享標、鄧瑞坤、姜重柟。二排左起：姜瑞金、姜振壎、姜瑞昌、姜瑞鵬、姜振驤。三排左起彭清欽、姜重垣、姜阿新、姜彬、姜崇燾。

潘屋討親

1940
新竹新埔

鄧南光的太太潘慶妹，系出新埔名門潘家，1940 年，她的弟弟潘欽鳳娶妻，就由嫁到好人家的好命姊姊潘慶妹牽新娘林玉盞入家門。潘慶妹一手扶著新娘的手臂，一手提著她身後的裙擺；後面跟著追上來正跨著腳的長子鄧世光，綿延了構圖的視線，這張照片，充分體現鄧南光瞬間動態寫實的攝影理念。

新埔潘家在 1765 年（乾隆 30 年）從廣東梅縣來台，在新埔以「金和號」經商起家，經營米糧、雜貨、製油、鹽業、染布、糕餅等生意，成為新埔巨富。1861 年（咸豐 11 年）潘慶妹的祖父潘澄漢與其兄弟潘清漢，在新埔街起建占地千餘坪的潘屋，前面臨市街的是巴洛克與東洋風格混合的洋樓，後面有庭院，庭院後面再蓋一堂四橫屋雙外牆的大伙房，伙房的入口門樓就是照片中新娘身後這一座，門楣上「福星拱照」四個字依稀可見，只是門板因蛀蝕更新，題字今改為「孝友傳家」，與照片略有不同，潘屋現已被指定為國家三級古蹟。

潘慶妹的父親潘成元，在日本時代曾經擔任新埔庄協議員、紅十字特別社員，並配授紳章[1]，此次聯姻的對象是台中潭子首富林家。潘慶妹的叔叔潘成鑑，曾擔任新埔區長、庄長、新竹州協議員；哥哥潘欽龍，曾擔任新埔庄協議員、庄長；堂兄弟潘錦淮、潘錦河，曾先後擔任光復後的新埔鎮長，潘家一門的政商勢力可說橫跨日據前後。

新郎潘欽鳳在 2009 年才離開人世，而牽新娘的潘慶妹出生於 1910 年，在本書撰稿的這一年仍與子媳同住，101 歲滿頭白髮的她，看著這老照片幽幽的說：「哎呀，怎麼還不會褪色呢！」

1. 紳章：日本時代台灣總督府頒勳章給有學識、地位、財富的台灣人，藉以籠絡政商名流。

1940 年，新埔望族潘家娶親，鄧南光的妻子潘慶妹牽新娘入門樓。

牽新娘

1941
新竹北埔

在北埔街和南興街口,身著白紗的新娘從豪華的黑頭轎車下身,由兩位妯娌牽著,準備步入夫家拜堂,打赤腳、頂著西瓜皮頭的小女孩擠在兩旁,爭相一睹這位美麗的新娘。

這一天,是鄧南光的二叔姜瑞金的長子姜炫祚娶親的日子,新娘馮秀蓮出身中壢望族,牽新娘的妯娌來頭也不小,新娘右側是頭份黃海生之女黃玉貞,她嫁給鄧南光大叔的長子姜煥蔚為妻,說來是新娘子的堂嫂,新娘左邊的徐嬌,是鄧南光小叔姜瑞鵬之妻,她出身舊名紅毛港今名新豐鄉的名門徐家,年紀雖輕,新娘可要叫她小嬸。

1920 年出生的姜炫祚,在 1939 年赴日本中央大學法律系求學,1941 年回鄉成婚,婚後兩夫妻再度赴日完成學業。返台後的姜炫祚曾短暫在台北報社工作,後來被父親召回北埔管理家業,光復後夫妻倆過起農耕生活,經營北埔第一家養雞場,並兼營果園和茶園。

新娘正要進去的夫家,是雕梁畫棟的新姜祖堂,現在來到北埔,還可以看到它的一大片紅磚牆。新娘背後左邊拍到一個「醉」字的二樓建物,是當時叫做酒家而現今也還在的醉樂園餐廳;街道盡頭隱約可見兩個門墩,是今天北埔派出所的入口。

讓嫂嫂和小嬸牽著的新娘,走進姜家,也走進人生另一階段。

1941 年,北埔姜家娶媳婦,豪華的禮車、美麗的婚紗、牽新娘女士高雅的洋裝,即使在民生緊縮的戰爭時期,名門氣派仍流露無遺。

新娘上車

1942
新竹

1942 年，正值太平洋戰爭如火如荼之際，一位盛裝的新娘子，在新竹市街上手捧鮮花，低著頭，在眾人矚目下，準備進入禮車，鄧南光以靈巧的徠卡相機，生動的捕捉這動態的瞬間。

這位美麗的新娘子是鄧南光的準弟媳，她叫做謝富美，出生於 1922 年，結婚這年她芳齡 21 歲。謝富美的父母是新竹峨眉人，因父親教職調動到高雄，而在高雄成長。她回憶當時的情境：父親師範學校的同學吳阿海當媒人促成婚事，所以結婚時先在阿海叔公新竹的家過夜，隔天才出嫁到北埔。這張照片，就是在新竹阿海叔公家。

謝富美是當時高雄的第一大美人，從高雄女中畢業後，考入三井公司任職，可說是最新一代的職業婦女，經常代表公司擔任和服的模特兒或重要場合的接待。她說，大她 9 歲的鄧騰駿是家裡的老么，已經 30 歲了還沒娶老婆，把全新竹的千金小姐都看過了也沒半個中意，結果 9 月去到高雄跟她相親，10 月訂婚，12 月就來迎娶她了。

這位新娘最自豪的是自己的語言能力，她還記得讀雄女時成績總是拿第一，婚後去跟瑞金叔婆請安，穿和服跪下來用一口標準日語問候，被旁人誤解說：「ㄟ，日本嫲哩（日本太太）。」光復後推動國語，學ㄅㄆㄇ，她也學得快，如今一口標準京片子，令人咋舌。

謝富美和婚前照片，雖然時光染白了韶華黑髮，她的輕淺微笑，一樣的美。
（古少騏攝，2011）

結婚後，謝富美「牽新娘」牽了 40 幾次，什麼是牽新娘呢？就是新娘子要進夫家大門時，旁邊要有「好命」的女性長者扶持入門，象徵新娘會跟她一樣好命。牽新娘者必須夫妻都在世，且有子女，按台灣習俗三男二女是最好的，日本習俗則是二男一女。謝富美印象最深刻的是，她生第五個孩子是個男的，正好符合習俗裡好命的三男二女，當時全北埔傳透透：「騰駿嫂又生兒子了！」

這位剛要上禮車的新娘會知道自己以後專門幫人家牽新娘嗎？而且在 90 歲高齡還能回憶這些往事，命運真奇妙！

1942 年新竹市街，在親友觀禮下，鄧南光的準弟媳謝富美步入禮車前往北埔。

討餔娘

1942
新竹北埔

鄧南光的弟弟鄧騰駿，出生於 1913 年，喜歡繪畫，是傑出的西洋油畫家，作品曾兩度入選日本時代美術界最高榮譽的府展[1]，他一直到 30 歲才娶妻，這位好不容易從高雄娶來的餔娘[2]謝富美，此刻甫下禮車，準備與他一起走入柑園與家族合照留念。

父親鄧瑞坤遺留下來的柑園占地一甲餘，宛如一座大花園，柑園外是土屋竹籬，後方有位頭戴竹笠肩挑水桶的鄉民正在看熱鬧，與豪華的禮車和盛裝的新郎新娘，形成強烈對比，時值戰爭期間的 1942 年，物資開始慢慢緊縮，戰爭下的喜事，更增添了幾分時代的特殊感。

鄧騰駿和鄧南光一樣就讀於東京法政大學，他白天讀法律系，晚上卻到東京美術學校學油畫，回台後以慈天宮旁邊的巷子「裡巷」和廟內「龍柱與手捧鮮花的女人」兩幅作品入選第四、五回府展。

妻子謝富美回憶，他跟她相親後，一個多月內沒聯絡也沒寫信，婚後問他那是怎麼回事？他說：「我畫一幅畫畫得很入神，很累。」

婚後鄧騰駿仍然醉心油畫，妻子勸他去鄉公所上班，好有個正當職業，從此鄧騰駿從文藝青年成為鄉公所的民政課長，畫作漸減。

鄧騰駿另外有個事蹟，有功於北埔，就是光復後，新政府下令拆除所有日本人立的石碑，他帶著工人勉為其難的拆掉秀巒山上的「北埔事件遭難碑[3]」，但沒把石碑丟棄，就近堆放在草叢裡。多年後，文化意識抬頭，後人從草叢堆中將此碑重新樹立。另外，遠在內大坪的「五子碑[3]」，鄧騰駿研判新政府不會去檢查，也不見得知道，就沒去拆；珍貴史蹟得以保存至今，這位新郎倌可是大大有功的。

1. 府展為日本時代官辦美展，最早稱台展，係仿效日本的「帝展」。陳澄波、李梅樹、李澤藩、楊三郎、廖繼春等人都是府展入選常客；黃土水、陳澄波作品亦曾入選帝展。
2. 餔娘：妻子，又寫作「婄娘」。
3. 北埔事件發生於 1907 年，遭難碑是紀念被殺的日本官民，五子碑則紀念五名日本學童。

上：1942 年北埔，鄧南光弟弟鄧騰駿正要和他的新娘謝富美一起步入柑園。
下：鄧騰駿領新娘入柑園大門，準備在此拍家族合照。

嬰兒洗身

1932
新竹北埔

盛夏炎炎，屋外蟬聲作響連天，北埔鄧家的房間裡，瀰漫著新生的喜悅氣息。大腳盆裡盛著溫熱的水，渾身黏答答的嬰兒（又作嬰孩[1]），乖乖的讓大人為他沐浴。房裡的婦女，臉上都洋溢著開心的笑容，因為頭胎平安出生的健康男嬰，為大家帶來了無以言喻的幸福感。

這是日本時代的 1932 年 7 月，嬰兒鄧世光是鄧南光的長子。鄧南光在 1931 年奉父母之命自日本返台和新埔潘屋的潘慶妹結婚，次年生下長子鄧世光後，才全家再度赴日完成學業。

照片裡為鄧世光洗澡的，是家族裡的一位長者，旁邊是他的伯母彭月秋，左邊是阿婆吳順妹，右邊坐最高的是母親潘慶妹，拍照的當然是爸爸鄧南光。看照片的老人家說，這有可能不是出生當天，因為剛生產完的母親會很疲倦，不容易坐在旁邊看娃娃洗澡，有可能是已經生下幾天了，體力恢復了，才下床坐看嬰兒洗浴。

鄧南光的大哥鄧騰芳，在 1925 年生下鄧世源，是鄧家的長孫，二哥鄧騰釪前兩胎都是女兒，因此鄧世光的出生，在重男輕女的舊社會，受到很大的關愛和祝福，而他也特別幸運，有個喜歡拍照的爸爸，使他從出生到成長，都有豐富的影像紀錄。

鄧南光去世後，鄧世光成為父親影像的管理者和推廣者，這張出生照，是黏在家族相簿裡的發黃相片，底片雖已佚失，照片卻保存完好，依舊散發著將近 80 年前的喜悅光芒。

1. 嬰孩：嬰兒之意；孩：類似嬰兒唔哦牙牙學語之音。

1932 年，北埔姜家女眷為剛出生不久的鄧南光長子鄧世光洗身。

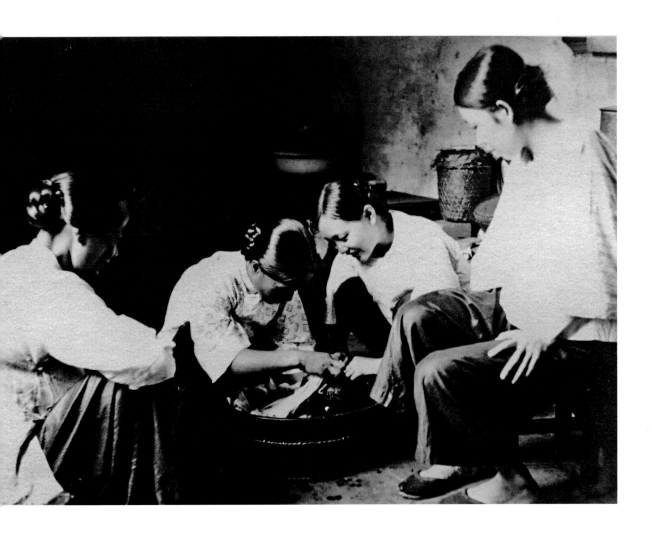

使女
阿林姊

1932
日本東京

農業時代的大戶人家，常會在每一房配有長工和「使女」，長工負責勞力打雜，使女就是女傭，多在七、八歲購入，直到成年後因婚嫁才離開。在戶口登記上，使女通常被登記為養女，但實際的待遇，是被買來「使嘴仔」的，也就是供使喚用的僕人。

圖中這位揹娃娃的小姊姊，就是鄧南光父親買來的使女「阿林仔」，她的主要工作是負責照顧鄧南光的長子世光，所以也跟鄧南光夫妻一起去日本，在東京租賃的房舍裡，鄧南光為她留下這張珍貴的照片，1922 年出生的她，在 88 歲高齡再看到這張照片，非常開懷的笑著說：「哎呀，這是我嗎？怎麼這麼可愛！」

但隨即眯著眼陷入回憶：「我爸姜喜是做泥水的，為了家裡蓋房子短少兩百元，就把我賣給姜屋做使女，兩百元！」阿林姊雖垂垂老矣，對此事仍深深掛恬，反反覆覆，叨叨又念念；舊時代的女性，有多少是這樣被迫離開父母，獨自去面對未知的人生……。

使女除了照顧小孩，大多是在菜園和廚房協助雜務，阿林姊說，還好是賣來姜屋，對使女很友善，不愁吃穿，也不會挨打，一樣跟著兄弟姊妹們叫鄧瑞坤阿公、叫鄧登妹阿太。

80 年光陰悠悠過去，鄧世光和阿林姊再聚首，白髮憶兒時。（古少騏攝，2010）

訪問時發生一些趣事，阿林姊記得娃娃時候的鄧世光，總是屎尿很多，她有時偷懶不想洗尿布，就把整塊尿布包起來偷偷丟進廁所坑裡，這陳年舊事，讓 70 幾歲的鄧世光聽了不禁臉紅，也惹得大家哈哈大笑，哪個嬰兒沒有屎尿呢？十歲的小姊姊也還是個孩子罷了。

當年未滿週歲的鄧世光如今已白了頭髮，而 101 歲的老媽媽潘慶妹，問阿林姊今年幾歲，她聽到 88 就說：「88？恁後生」哩！」又惹得大家一陣笑了。

1.恁：這麼、非常；後生：年輕；恁後生，即這麼年輕之意。

1932 年，鄧南光負笈東京時，為小使女阿林仔和長子鄧世光留影。

柑園

1935-40
新竹北埔

鄧南光的父親鄧瑞坤在北埔秀巒山下往大湖入口處，有個占地一甲多的莊園，裡頭因為很早就種植了當時罕見的橘子樹，所以日本時代當地人都稱這裡叫「柑園」。鄧瑞坤平日住在北埔上街，柑園是他蒔花植草招待客人的地方，僱用多人定期整理庭院果樹，鄧南光拍下行進中的工人，以及工人身後名符其實的柑園。

舊時柑園有個特殊的大門，整體地基高出路面一丈多，大石砌成的駁崁，加上成排的竹籬，使得柑園有如世外城堡。一入大門，石板路兩側植滿花草，噴水池裡養著魚，幽靜的合院旁有三層式的花台盆景，庭院透露著幾許日式園藝的氣氛。

喜歡小酌的鄧瑞坤還在這裡蓋了一座特殊的露台喝酒賞月，漂亮的柱子上是平坦的樓板，要上樓，得拿把木梯蹭上去，若不想讓人打擾，把木梯移開就是。家人稱這個露台叫「晒坪」，因為樓上是個可以晒東西的大平台。

太平洋戰爭末期，鄧南光與妻小回北埔疏開[1]，就在這柑園裡住了兩年，光復後鄧南光的哥哥與人合股收購茶葉賣到台北，便利用露台下的寬敞空間請工人挑茶。柑園是鄧家舊居，現在成了饒富意義的鄧南光影像紀念館，只可惜橘樹園不見了，大門也遭拆除，只剩下露台的柱子清晰可辨，鄧南光大概從來也沒想過，柑園會變成他的紀念館吧？

1. 疏開，疏散之日文，太平洋戰爭末期台灣遭受美軍空襲，大城市的居民、學校機構多疏散到郊外和各地鄉間。

上：1930 年代的北埔，鄧南光父親的別莊「柑園」內，男工女工挑著畚箕，準備整理園子。
下：鄧南光的長子世光（右 2）與堂兄弟在柑園盪鞦韆。

山肚佃農

1935-40
新竹芎林

照片裡個別農民的身分幾已無法辨識，但訪談時所有老者一看照片，都異口同聲說：「啊！這就是佃農！」

農業時代土地集中在少數地主手中，想要維持耕作權，就必須跟地主或管事的「承勞」[1]維持良好關係。過年時候即使收成欠佳，地租繳清後再無米糧過年，也要忍痛把家裡最大最肥養了整年的閹雞送給地主，平日有釣到網到大魚，馬上往地主家送，水果熟成了，少不得也要挑一籃過去；動輒被威脅「吊佃」取消承租權而無地可耕，是所有佃農家庭最深的憂慮和恐懼。

鄧南光的新姜家族是大地主，在芎林打磚窩有大片田產，佃人在這山肚（山裡）墾荒闢田廣植水稻，又種了許多柑橘，主要是送到新埔交易。柑橘盛產的冬天，正好將逢年節，通常佃農總會留下最漂亮最大的，有如進貢般挑到地主家裡，有時地主需要多一些分贈親友，就會先叫承勞吩咐佃人，多留一些柑橘挑過來，繳租時再折扣稻穀。

根據住在打磚窩，出生於1929年的佃農鄧春貴回憶，他年輕時就是這樣用米籮挑橘子從芎林走到北埔的。而姜家後代出生於1937年的姜良旭則記得，光復前家裡的橘子常多到吃不完。當時農作以稻米為主要作物，普通人家中是不容易有水果的。

照片後排左二穿西式大衣的，是新姜家的承勞莊阿魁，他後來成為姜瑞昌的女婿。鄧南光拍完這張合照，自己也入鏡，換莊阿魁按快門，照片拍斜了，焦距也糊了，可是仍可清楚看到西裝筆挺的鄧南光，突兀鮮明的站在這群或許從來不曾拍照的農民中間。

是這樣善良篤實的佃農，造就了地主的財富，造就了鄧南光能夠赴日求學，造就了他能夠購買價值一棟樓房的徠卡，造就了我們今天看見的這些影像，可是歷史裡，不知有多少佃農是餓著肚子過年的……。

1. 承勞（shin55 lo55）：承是承擔、承受，承勞即代勞之意。花錢僱工協助勞役，今稱夥計，客語曰「承勞」，有請您代承勞役，語頗古典。

上：1930年代，一群佃農正準備把一籃籃的橘子挑到地主家。後排左二是承勞莊阿魁。
下：莊阿魁拍下鄧南光（後排左三）與佃農的合影。

姜瑞昌
全家福

1938
新竹北埔

1938 年，鄧南光的堂弟姜煥蔚和其他親族，受到徵調，準備到廣東地區當通譯，臨行前，一家人在「榮和號」的祖廳前留下這張紀念照。前排坐在最右邊的是姜煥蔚的父親姜瑞昌，中間是祖母鄧登妹，左邊是母親曾盡妹。後排左起是妹妹春杏、妻子黃玉貞抱次子良雄、姜煥蔚抱長子良旭，弟弟煥洲、煥辰。

鄧南光要稱大叔的姜瑞昌，出生於 1886 年，是北埔公學校第三屆的畢業生，那一屆，畢業生只有他一個，因為當時台灣人還不肯輕易受日本教育。他隨後到台北總督府國語學校接受新式教育，回北埔後，擔任訓導教職，又在 1920 到 1932 年間，擔任 12 年的北埔庄長。

姜瑞昌擔任庄長期間，大力推動北埔茶葉的種植和品質的提升，屢次到台北參加高級烏龍茶比賽獲獎，為北埔茶葉的產銷，奠定良好的經濟基礎。他另一個巨大的貢獻，是在國語學校學會攝影和暗房沖印，他用玻璃底片為家族和北埔拍下許多珍貴影像，也在無形中給鄧南光帶來攝影的啟蒙，可說是使用相機記錄北埔鄉土的先驅。

姜瑞昌的重要攝影作品包括 1910 年代後的家族、慈天宮、北埔台車、北埔聚落大景、製茶過程等，其中一幅記錄慈天宮前人山人海的影像，還曾在日本攝影比賽獲獎[1]。

姜瑞昌的太太曾盡妹，是竹東大戶曾家的么女，因為年幼喪母，被嫁到老姜天水堂的大姊帶過來一起生活。去老姜家串門子的鄧登妹，看到她才六、七歲就會煮飯炒菜，很是中意，於是就收養她準備當姜瑞昌的妻子，據說帶她進門的時候，姜瑞昌還跑去躲起來。

他們的長子姜煥蔚在光復後曾經擔任北埔鄉長，新竹縣議會副議長等，鄧南光的新姜家族，活躍於日本時代和光復初期，相對於開拓北埔的老姜，是北埔政壇的異軍兼新秀。

1. 姜瑞昌的慈天宮照片，參見本書〈導論〉P.9。

1938 年鄧南光的叔叔姜瑞昌一家人與祖母的合影。

姜瑞昌於 1914 年拍攝之家族照，左起為妹妹姜四妹、大嫂吳順妹抱四子鄧騰駿、妻子曾盡妹抱次男姜煥蔚、弟媳林丁妹。（姜良旭收藏，鄧世光提供）

餞別

1938
新竹北埔

日本在侵華戰爭的第二年，也就是 1938 年，徵調北埔知識青年前往廣東當通譯，鄧南光家族共有三人受到徵召，臨行前，在小小的天井裡以象徵性的酒菜舉辦餞別儀式，高舉的酒杯裡，雖蘊含著祝福，卻也隱藏不知多少的擔憂和牽掛。

這三位出征的主角，站在桌子的正中間，從頭上戴的帽子和衣著、彩帶，可以輕易分辨出這三位就是餞別的主角，左起分別是姜瑞昌的次子姜煥蔚，鄧瑞坤次子鄧騰鈃，也就是鄧南光的親哥哥，以及姜瑞昌女婿莊阿魁。

送行的人們，左列親友第六位是鄧騰駿、左七姜瑞鵬、左八姜瑞金、左九姜瑞昌、左十鄧瑞坤，四兄弟皆是地方領導或富戶，如今，他們的子弟在強大的帝國意志下，也必須率先從軍了。

1938 年的殖民地台灣，雖然日本軍國南侵的「捷報」頻傳，旗幟高揚，看似熱鬧壯闊，舉杯者個個卻難掩落寞，一片無奈的氛圍，似籠罩著天井，沒露臉的母親和妻小，應該更是愁上加愁了。

1938 年，在「祝從軍」的日本太陽旗之下，北埔親友為即將從軍入伍的家人餞別。

出征

1938
新竹北埔

1937 年，日本發動侵華戰爭，翌年，戰事擴及南方廣東各地，亟需翻譯員收集情報，於是在台灣客家庄徵調知識階層前往受訓擔任通譯，當時北埔共有五名子弟應召出征，這五位身披紅彩帶的出征者，左起是：莊阿魁、姜煥蔚、姜重垣、姜阿新、鄧騰釺。

這五位出征者來頭不小，姜煥蔚是前北埔庄長姜瑞昌的次子，姜重垣是老姜頭人姜振乾的公子，鄧騰釺是北埔保正鄧瑞坤的次子，莊阿魁是姜瑞昌的女婿，年紀最大的姜阿新，是老姜姜清漢的公子、北埔製茶業的頭人，他們全數是望族之後。

這一次的徵調說來有點烏龍，日本人打到廣東，因語言不通無法收集情報，原本以為新竹地區戶口簿上種族登記為「廣」的客家人，就是廣東人，所以徵調了年輕的知識階層當通譯，準備好好的掌控軍情。沒想到客家話跟廣東話並不相通，且兩廣地區甚多方言，客家地區有限，這批通譯幾乎無用武之地，半年後就全數平安歸來。

據姜煥蔚長子姜良旭回憶，姜煥蔚抵達廣州後，先到中山大學受訓，然後往蕉嶺、永定等地當通譯，對廣東一帶有很多溫泉記憶深刻。而鄧騰釺的兒子鄧世傑則回憶，父親一直保留當時通譯官的配劍，直到光復之初怕遭清算，才把那把特別珍藏的劍給扔了。

這次徵調，離日人據台的 1895 年，只有 43 年。43 年前，姜紹祖領軍抗日未果，在獄中吞鴉片自殺成仁；43 年後，要稱呼姜紹祖為叔公的姜阿新、姜重垣，穿上了日本軍裝舉著日本國旗，準備替天皇效命去了。

1938 年，五名北埔青年被徵調到中國戰場當通譯，臨行前，和地方人士合影留念。太陽旗上，寫滿了祝禱日本帝國「武運長久」的各種口號和簽名。

筧仔下
出竹東

1938
新竹北埔

1938 年，日本政府徵調北埔五名年輕人前往中國當通譯，送行的隊伍在餞別儀式後，從街上步行至北埔口的「筧仔下」，做為「歡送」終站。受徵召者在此地合影，然後上軍車到竹東集合，再前往基隆搭船出海。

鄉下罕見的大軍車在此等候，大人小孩舉著太陽旗列隊歡送，遠遠的山腰上還站著許多看熱鬧的鄉民。這批首次出征的年輕人雖不是到前線，卻因當時北埔還未有任何人受到戰爭徵調，且他們皆是北埔姜家的後代，在日本皇民化思想和軍國主義的鼓動下，幾乎出動了全庄和學校來歡送。

圖片右邊跨越小山谷的長條狀管子，就是這裡地名「筧仔」的由來。筧，是農業社會導水用的長竹管，國語讀音如「剪」，客語讀音則如國語的「敢」，由於此地地形有一山凹，運送水的竹管特別長，遂以「筧仔下」命名。宋朝陸游有詩：「地爐枯葉夜煨芋，竹筧寒泉晨灌蔬」，可見以竹筧輸水是自古以來常見的農業技術。

「筧仔下」是北埔往竹東的出入口，從姜秀鑾墾拓之初有鄉民設筧引水後，即以此名稱之，老一輩看見這張圖，直呼珍貴，因為畫面上的地貌今已完全不復見，幸有出征為念，為地貌舊名留下見證。

1938 年，在日本太陽旗的揮舞下，北埔地方人士送別入伍青年，最右邊還可看到一面軍樂隊的大鼓，負責敲響這戰爭年代的從軍進行曲。

行祭

鄧南光的父親鄧瑞坤，出生於 1882 年（光緒 8 年），卒於 1941 年，在日本時代曾經擔任過保正和北埔庄協議員，更曾受總督府配授勳章，在他去世出殯的這一天，前來弔唁的親朋，以及致意的花圈輓聯哀禮，把北埔街擠得水洩不通。

北客稱出殯還山前的祭奠儀式為「行祭」，也就是後來日本人傳進來的「告別式」，包含了家祭和公祭。

高掛的輓聯訴說著亡者家族的各種社會關係：「模型宛在」、「大雅沉淪」分別署名台北市京町青年團和京町會1，三子鄧南光當時擔任京町會長；「功成者退」由北埔公學校校友會所致，會長是弟弟姜瑞鵬。

父親去世，照理說鄧南光是孝子，應該在旁側對捻香親友回禮，這張照片極有可能是他請朋友代拍，因為正在行禮的孝子有二人，一旁還有二位孝子，一共四位，按習俗此四人應是：孝子鄧騰釬、鄧南光、鄧騰駿和長孫鄧世源。孝子身後穿白色西裝被遮到的是大叔姜瑞昌、中間二叔姜瑞金、小叔姜瑞鵬。

以 1941 年的喪禮而言，鄧家雖仍延請道士誦經祭奠，但是旁邊已經出現竹東請來的西式樂隊，喪家的服飾也是非常之西化，至少，孝子應當披麻，卻只見白服和簡單的麻冠，既不著草鞋，也不持孝杖，不知這是應推廣皇民化運動的日本人所要求而簡化，還是鄧家自動革新？總之，西化的腳步在生活裡，一點一滴的滲進來了。

1. 京町指今台北市博愛路與鄰近街區，京町會為市街商家之組織。

1941 年北埔，鄧南光父親鄧瑞坤出殯告別式會場，孝子正在對靈柩行禮。

準備出門

1941
新竹北埔

在傳統入土為安的土葬儀式裡,祭奠亡者的行祭一結束,旋即撤下靈壇的輓聯、花圈,準備出殯,這時候,圍觀等待的小朋友,爭相持舉花圈輓聯,而預定抬棺的親族,則準備好麻繩杉木,等候道士的指令行事。鄧南光從靈壇的後方,拍到了祖母鄧登妹喪禮儀式的這個過程,小孩的赤腳,和喪禮特有的草鞋,訴說著強烈的時代感。

行祭一結束,就是還山的開始,一般人俗稱準備出門,這時畫面中擠滿人的棚內,正在進行的儀式是出柩、封棺、遊棺。一般在大殮時棺木即已封妥,此刻是儀式性封棺,道士一邊念著吉祥話語,一邊帶領親族圍著棺木繞行,即為遊棺,其意義在做最後的懷念和道別。

遊棺結束後,就是抬棺親族的工作了,畫面裡又粗又直又長的杉木叫「龍槓」,粗麻繩叫「龍索」,是捆棺主要的用具,捆綁妥善後,套上棺罩,等待道士的指揮,就可以發引,往墓地出發。

畫面裡小朋友快速移動的活潑身影、持花圈的行進方向,和扶著龍槓全神貫注準備進入儀式的大人,形成動線的交叉,表達出一種高度動態的現場感。

1941 年北埔,鄧南光祖母鄧登妹出殯前,參與抬棺的親族在旁準備。

抬重

1941
新竹北埔

為親族抬靈柩，北部客家稱為「抬重」，人數為取吉利通常有定數，如 8 人、12 人、16 人、32 人不等，人數愈多，表示愈隆重。

畫面右邊有人正在指揮這些抬重者，應該是棺木已經捆綁好，正在調整棺罩的位置，客家話的棺罩有兩種說法，「棺弇 kiem55」就是棺蓋，「龍被」就是披蓋在棺木上的飾布。有錢人家用富麗堂皇繡龍繡鳳的棺罩，普通人家就用簡單的布或是家裡的被單。這座棺罩華麗無比，因為是鄧南光的祖母鄧登妹要還山了。

傳統抬重者必須是同姓宗親，且有兩件必要裝扮：腰間一定綁著一塊別有小紅條的長白布，叫做「腰絲」，腳上則一定穿著草鞋。他們蓋好棺罩，彎著腰準備一起出發，就叫做「起肩」，老人家一看照片，就說：「喔，這要起肩囉！」

起肩後，為避免沖煞到家人，棺木不得再落地，因此若路途較遠，要有多人在行進中靈活替換，以輪流接力方式扛到墓地。往昔北埔各村各有塚地，有位住在外大坪的老人家，曾經歷過抬重先要大下坡、復又大上坡的路程，至今仍搖頭大喊吃不消！

棺木入土後，抬重者把草鞋在墓地附近脫掉，才不會把煞氣帶回家，回到喪家處，通常會有一盆抹草水[1]讓大家淨身，其實就是洗個手，意思到了即可。在喪家用餐，一般俗稱「吃大塊」，意思是居喪無心思烹煮菜餚，以大塊食材直接烹煮，少見花樣。

現今喪儀多已簡化並外包，親族集聚縫製喪服並為喪者抬棺的儀俗，幾乎快要消失了。

1. 抹草：台灣民間習俗中可以避邪除煞之植物。

1941 年北埔，鄧南光祖母鄧登妹出殯時抬棺的畫面，靈堂後方的廟宇，就是慈天宮。

還山

1941
新竹北埔

人去世出殯，客家人稱「還山」。還，是回去，意謂人去世了入土安葬，返回山林裡與人間永不再牽掛。

1941 年，鄧南光的祖母鄧登妹以高齡 75 歲去世，她的靈柩裝飾得華麗無比，圍觀的鄉民從北埔上街擠到下街，此刻，她即將離開生活了近 70 年的北埔市街，往山裡永遠安息去了。

照片裡隊伍最前面兩位穿白色孝服的是她的兒子姜瑞昌、姜瑞金，長子鄧瑞坤也就是鄧南光的父親已先她離開人世。中間一頂小轎子，照例是給長孫坐的，一般長孫會捧著插有亡者牌位的香爐走在靈柩前，家世顯赫者才有坐轎，此刻坐在轎子裡的是姜煥蔚，他當時已經 27 歲，看樣子轎夫是挺吃力的。

按照習俗，孝子應當走在靈柩後面，閱讀照片的老者也多不能解釋何以有這樣的順序發生，或許是隊伍位置還未調整好。照片右後方是慈天宮和秀巒山，左邊這一大棟臨街轉角的二樓洋房，就是鄧登妹和夫婿姜滿堂一手創建的榮和商號，鄧南光取了一個可以充分交代空間的角度，拍下了阿婆即將離開老家的最後身影。

上：1941 年北埔，新姜主母鄧登妹的靈柩行經北埔街，各界悼唁人士和鄉民夾道目送。
下：還山隊伍經過北埔下街，圍觀人潮擠得水洩不通。

歕笛仔

1947
新竹北埔

嗩吶是傳統喪葬中領導喪儀行進的主要樂器，吹嗩吶客家話叫做「歕笛仔」。這一天，兩支笛仔的聲響幾乎傳遍小小的北埔，宣告往生者的道別。這古老的喪樂帶領出殯的隊伍，從鄧家的柑園緩緩走了出來，轎裡坐著手捧香爐的長子或長孫，靈柩已經先一步在嗩吶前方出了大門。

向親族問起這一天的「主角」是誰，一開始他們感到難以辨認，因為轎子後面戴著眼鏡的鄧騰駿，並沒有特別穿孝服，假如是父親鄧瑞坤、母親吳順妹的喪事，應該不是這種裝扮，後來才想到，應該是鄧南光的二嫂何田妹去世，她出生於1907年，在1947年6月因病去世，從圖中人們的夏天穿著，時間點是符合的。

兩個抬轎人按古禮穿著草鞋，走在最前面吹嗩吶者人稱「雷乾」，全北埔沒有人不認識他，他的父親姓雷，入贅周家，他本名叫做周金乾，因為從小大家都叫他阿乾仔，久了就以為他的名字是「雷乾」。

雷乾的父親是道士，客家話叫做「和尚仔」，1917年出生的雷乾從小傳習，七歲「出門」，就是跟著爸爸一起在各種法會喪葬儀式中擔任一腳。在喪儀延請和尚道士誦經祭奠稱「做齋」、「做功德」，早年還發展出「打鐃鈸花」，或稱「做武齣」，就是出殯前一晚的做齋法事中，隨著誦經內容發展出類似特技表演的武術。雷乾從小受訓，會用牙齒頂起很重的馬凳，或是把割草的鐮刀往上空一甩，準準的掉進腰背的刀鞘。農業時代甚少娛樂，除了大戲以外，喪儀的特技，成為生活中另一種大開眼界的難得時機，北埔老少因此對他敬仰有加。

雷乾後來把笛仔傳給了兒子，直到現在還繼續吹著，老一輩對傳統喪葬法事有特殊的執著和認定，據說一位搬到頭份的北埔老人家，90幾歲高齡去世，家人在他抽屜裡發現指名要找雷乾為他辦喪禮的遺言，可惜那時雷乾早比他先走許多步了……。

1947年北埔，鄧南光二嫂何田妹出殯的送葬隊伍，在嗩吶聲中，緩步走向墓園。

擎花圈

長長的出殯隊伍行經北埔廟前街，左邊這排老建物至今還存留幾間舊屋在賣粄條菜包，右邊建物中間空地是最早的傳統市場，路上雖仍是泥石路面，卻乾乾淨淨的沒有垃圾。

這可能是鄧南光母親吳順妹的喪禮，隊伍從鄧南光家族的柑園走出來，經廟前街往北埔街口移動，左轉北埔街後，遇到俗稱新街的城門街再左轉，就是往蔗園坪歸葬的路上。這個左轉新街的過程，北埔人稱做「出西門」或是「過城門」，是往墓地的標準路徑，意味著這輩子最後一次經過西門，要與城門裡的熱鬧人世永別了。

清朝墾拓時期，北埔以莿竹園庄做為屏障，設東南西北四個城門口，最早的西門位在北埔街與南興街口，就是鄧南光祖父母所經營的榮和商號前面，後來村莊擴大，出現北埔下街後，把西門往後挪移一個街口，橫向衍生的街路就稱城門街或新街。

畫面上舉著輓聯花圈的孩子們各個打赤腳，沒鞋穿，前面第二個孩子的褲管還看得出大大的補丁，大多數花圈比孩子都還要高，舉起來並不容易走路，不過這不重要，因為再過不久花圈放下，就有工錢可以領了。

對大部分小孩來說，有錢人家的喪禮彷彿是盛大的節日，因為與平日完全迥異的裝扮、人群、聲音、顏色、物件，在這一天全部發生，眼下耳中各種奇異的感官刺激，衝撞著小小心靈。他們的耳朵、眼睛和雙腳，在這一天異常忙碌，加上持舉花圈的小小工錢，有人「出西門」對他們而言，是另一種完全不同的意義了。

1940 年代北埔的出殯隊伍，男孩們擎著各界致贈的花圈輓聯，一眼望不到盡頭。

還山叩謝

1941
新竹北埔

鄧南光的祖父姜滿堂和祖母鄧登妹，在一代之間，創建了龐大的新姜家勢，祖母鄧登妹去世，前來悼唁的親友多不勝數，身為孝子的姜瑞昌、姜瑞金，按禮需於還山途中轉身向送葬親友拜謝，意為不敢再勞親友相送，有請止步返家，客家話稱此儀為「叩謝」，因為傳統古禮中孝子此時是要跪謝的。

圖中站立拜謝者，左起是姜振驤、姜瑞鵬，孝子姜瑞金、姜瑞昌。姜振驤代表老姜家族，他是抗日烈士姜紹祖的遺腹子，1924 年就被任命為新竹州議員和總督府評議員，這在日本時代是北埔人曾擔任過的最高職位。旁邊的姜瑞鵬是鄧登妹的四子，但因從小過繼給姜榮華，成為姜振驤的叔叔，因此今天不著孝服，他在光復後曾任新竹女中校長十餘年。

姜瑞昌在日本時代曾經擔任 12 年的庄長，是台籍庄長中任職最長的，後續又出任新竹州協議員，創辦北埔茶業試驗所，對北埔茶葉的品質提升和產銷擴大有重大貢獻；姜瑞金則是在北埔公學校擔任教職數年後，先轉任銀行界，然後也投身茶葉事業。

前來送葬的親友和警政教育界人士非常之多，喪家以微微鞠躬表示行禮，孝子不僅沒有穿麻服草鞋，連麻冠都消失。這在 1941 年，是非常強烈的西化改變，當時一般人家仍是嚴守傳統服制的。

在喪家謝步後，送行親友就完成了送葬儀式，此時便可取下配戴的喪花或白布，各自散去，而還山的隊伍則通常會加快腳步往墓地移動進行安葬。

叩謝是傳統農業社會喪葬儀式必有的環節，在現代化的今天，除非是在家中按古禮辦喪事，依然有叩謝外家之禮，否則已經愈來愈罕見。

1941 年北埔新姜家族主母鄧登妹出殯時，喪家向送喪親友和地方人士答禮致意。

擎輓聯

1940 年代
新竹北埔

往昔大戶人家還山，總有許多哀悼輓聯，還山的時候，全村的孩子爭相「擎輓聯」，或是「扛輓聯」，以分取難得的工錢。長長的隊伍宣告了往生者的家世，套句俗語叫「備極哀榮」；據說 1935 年北埔姜清漢老先生去世時，前面隊伍已經到了墓地，後面還在姜屋天水堂。

行列裡最前頭一老一少舉著帶有竹葉的剪紙白幡叫做「飄幡」，在北埔的禮俗裡，行祭時候有殺豬羊，宴請陰間好兄弟作客者才揚此幡，這是有錢人家才行的禮俗。飄幡後面深色的橫布叫「彩」，有上 60 歲福壽全歸的老人家才有紅布，後面則是親友和各界致贈的輓聯。

這不知是鄧南光祖母還是父母親的還山行列，大大小小孩子們，舉著比他們高好幾倍的竹竿，長長直幡隨風飄動；想像這照片的色調吧：一片鮮綠的稻田裡，直幡是白的，橫彩是紅的，遠方襯底的山色是濃綠的，天空，應該是藍的吧？這紅白綠的主色調雖在鄧南光的底片成了黑白灰階，卻在那不算小的風吹拂下，各自飄啊飄，飄出了一幅迷離的情境。

有人去世了，才七、八歲大的孩子們不知也不管是誰，只管煞猛 ₁ 跟著隊伍走，生與死的對話，飄蕩在風中。

1. 煞猛：努力、勤奮之意。

1940 年代，一列送葬隊伍走過北埔附近的田園。

簡單大葬

1941-45
新竹北埔

客家人有二次葬的特殊習俗，通常在初葬時，不正式立碑，先入土安葬，多年後取出骨骸，以白酒洗過，按人體結構順序裝在俗稱金甕的大陶罐，再請地理先生重新擇時擇地建墳立碑改葬，這過程即一般所謂「起骨」、「撿骨」，初葬則稱為「大葬」。

畫面裡可以看到這墳地是沒有碑文和姓名的，僅以一塊大石頭和其他小石聚築在隆起的土塚前，這就是還沒有撿骨的、最原始的、最傳統形式的初葬地，現代為方便掃墓辨認，早已改為立有姓名的碑石。

祭拜先人的祭品，最前面三盤可以是紅粄和艾粄1，兩副牲儀必須是三牲，傳統使用雞、豬、蛋或豆腐乾，祭先人不能用鴨，據說是因為鴨「扁嘴」，在客語有不高興之意，甚是不敬。最左邊竹製圓形籮篙裡，是一大塊發粄，挑祭品的籮篙和擔竿（扁擔）放在一旁，完整表達了祭拜的內容和器物。

根據學者考證，客家人二次葬的習俗跟長期遷徙的歷史有關。由於客家人祖先千年以來歷經流離轉徙，為恐親人骸骨遺落他鄉無人祭拜，因此發展出把先祖一起帶走再擇地安葬的習俗，此風流傳至今，成為客家人最特殊民俗之一，也由此可見客家人對祖先崇拜之虔敬。

撿骨之後，金甕要等吉時吉日才能入「風水」，也就是置入新建的墳墓，在這段等待的時間，稱為「寄巖」，這是極其古老悠遠的用語，在大陸地區，到現在還有真正的「寄巖」，就是把撿骨後的金甕放在巖洞下。在北埔，有些窮苦人家無法負擔建墳的費用，也無山洞可寄放，就會把金甕放在竹叢下，或是搭個簡單的寮子遮風避雨；有錢人家則會放在已經建好的風水旁邊，等待吉日入葬，現今則發展出以加蓋的水泥圈保護金甕免於受損。

一般起骨的年分至少要六年、九年或更久，中間跳過七或八，是避免客家話的「七七八八」，也就是雜事紛生之意。以兩副牲儀的數量和年代推測，這個墳地應該是鄧南光的祖母鄧登妹的初葬墳。

1. 艾粄：把糯米、蓬萊米磨漿去水後，加入艾草蒸熟的一種米食，有無加內餡皆可稱艾粄。

1940 年代初，鄧南光家族祭拜主母鄧登妹「初葬」之墳。

掛紙

1938
新竹峨眉

掛紙，是客家人對「掃墓」的稱呼，是指把黃紙壓在墓碑和墳頭上，表示這是有主之墳，更傳統的則特別使用沾過牲血的金紙，以血祭表示隆重。

傳統客家人掛紙不在清明，而是從元宵後到清明前擇一吉日，是過年後最重要的活動，各地子孫會趕回來祭祖，也是家族大聚會的時機。

時值 1938 年，初春的北客家庄仍常是陰雨綿綿，鄧南光從台北帶著妻小，回北埔跟祖母鄧登妹一起去峨眉祭拜曾祖父鄧吉星，他是鄧家來台的一世祖，也是鄧家和新姜家族能夠崛起的關鍵人物。

最前面拿著大手帕、穿西式風衣的小孩是鄧南光六歲的長子鄧世光，他正在跟二伯的女兒秀娥玩耍，右邊頭戴白色紳士帽側臉持香的是鄧南光的二哥鄧騰釺，畫面裡每個人各司其事，各有姿態，中間挺立持香膜拜的祖母鄧登妹，一如她於家族的地位，在張力飽滿的構圖裡，成為穩定視覺的焦點。

此刻的山谷裡應該是鞭炮聲此起彼落，劈啪作響，客家人的掛紙，總在祭拜後以一串爆竹，響一些熱鬧，燃一些記憶，也驅一些寒意。畫面外，應有許多和鄧世光年紀相仿的孩子在旁邊等著，待會兒鞭炮打完「分醮墓」就有發粄可吃了。

畫面裡最左邊和中央雨傘邊有兩個高高的竹編提籃，客家話稱為「籮篙」，是專門用於掃墓或敬神時候挑祭品用的，大籮篙通常有三層，最下面最深的，用來裝分量最多的發粄，上面才放紅粄、金香或三牲，圖片裡墓前祭品用高腳托盤裝著豬肉和全雞，後面一大圓盆裡裝的就是象徵富貴發達的發粄，祭拜完用刀子切開，分贈給來分醮墓的人，挑籮篙的扁擔就放在旁邊草地上。

鄧登妹穿著傳統的大襟衫，孫子輩和曾孫都改著時髦體面的西式大衣，不論衣衫怎麼變化，時代怎麼演進，清明掛紙的鞭炮聲，從那時到現在，總在山頭不停的響著，且還要一直響下去的。

1938 年，鄧南光祖母帶家人為父親鄧吉星掃墓，在初春細雨中，持香肅立，凝神默禱。

分醮墓 祭祀後分送糕點共享的習俗，北部客又稱「分借問」、「打醮墓」，南部客則稱「打粄仔」。以前一般人飽餐都有問題，遑論點心，因此住在墓地附近或看牛的孩子，總會在人家掃墓後跑去分糕點。對於大戶人家，祭祖後的施捨等同善行，也象徵祖德永澤人間，通常都會多準備，糕點不夠甚至會發零錢，這一年一度的免費點心或零錢，是現今許多客庄老人共有的童年回憶。

「分借問」由發音訛誤和猜測而來，指掃墓時荒草漫漫，常要借問附近看牛的孩子或請求帶路；另一說則是酬謝他們看顧墓地，所以稱「分照墓」。但求諸客語發音和古籍，「醮」是祭拜，醮墓就是掃墓，因此應作「分醮墓」才是。

農庄風情

雖然出身富家，鄧南光卻喜愛關注鄉間的一切。從現存的一萬多張底片檔案中，約有二千張之譜，是拍攝農村活動，不論是田園山丘上的農人與老牛、水車與圳溝、稻田與茶園，還是農庄作息中的洗衣與挑水、挑柴與放牛，以至於練土、做糖、製茶等產業活動，都成了他鏡頭下的素材。

不知為何，鄧南光特別鍾情於拍攝洗衣，小溝邊的、大河邊的、正在洗的、洗好要回家的，都靜靜的停格在他那為數約百張以上的洗衣資料夾，或許是洗衣的動感特別牽動了他。

他也喜歡拍遠山裡的泥磚屋，和泥屋前橫擺直架晒衣竿所組成的萬國旗，以及收割稻作，努力拉牽脫穀機的田中農人，動感的寫實觀，在他的客庄農村紀實裡，徹底的實踐著。

本篇章主要收錄他於故鄉新竹所記錄的客家庄頭，旁及一小部分苗栗，時間跨越1940 到 1960 年代，時間雖長，農村的景致風情，卻維持了接近的調性，而且這些畫面裡多有一種平靜淡薄的自然樸素，少見愁苦或誇飾。這是工業進入台灣前的客庄容顏。

孩娘婆

1950
新竹

秋天一到，詩情畫意的現代人忙著到大屯山或草嶺古道賞芒，幾十年前客家庄裡的婦女，卻是得趕緊到山坡邊或河灘地，割些芒草回家做掃把，家裡那還不會走路的娃娃沒人照顧，這不知是媽媽還是阿婆，得揹著他孩（挑）兩大捆芒草，希望這路途可別太遠才好。

芒草的客家話叫做「娘婆」，閩南語叫做「菅榛」、「菅芒」，它的生命力強，一長就一大片，老人家說，這是要長來讓人好好利用的：蓋房子可以用來鋪屋頂，做成的掃把把房子掃得乾乾淨淨，牛羊愛吃它，種菜養雞可以拿來圍籬防風，摘了菜可以用它當繩子紮綁，它的莖利尿，根可治咳嗽，麻雀、文鳥、烏鶖和綠繡眼，喜歡叼它的花穗稈築巢。

用娘婆做掃把不難，但得等它開花，且要小心它鋒利割人的葉緣，一年裡要用到的清潔工具，全看這時了。從前還有大量做掃把的商人收購芒草，一斤一角，是小孩子賺零用錢的好機會。

畫面裡還有個看不清身影的婦女，頭上頂著更大一叢的乾草枝，準備回家整理當燃料，旁邊的屋子全是泥牆做的，側邊分別有稻稈和瓦片保護著以免雨淋。入秋萬物蕭瑟，幸有暖暖日頭，伴著赤腳的農婦歸家。

1950 年秋，新竹農家婦女揹著幼兒挑芒草回家。

農家

1950 年代
新竹

哎呀呀，一個農家門口怎生得如此多樣的農具，是要做什麼用的呢？可別小看這些竹子泥巴生出來的物件，它們都是伴著我們的阿公阿婆，從田頭田尾、灶頭鍋尾，走過了春夏秋冬，走出了酸甜苦辣各種人生滋味的。

左邊地上歪歪斜斜無底無蓋的竹編笪仔，是農家自己編製，要圍雞鴨不讓牠們亂跑的。扁擔兩頭的圓籠是拿來挑橘子或香蕉這類較重的水果，扁擔兩頭有彎倒勾，竹籠才不會因為太重而滑走，這是客家扁擔特有的吃重設計。

扁擔和石階中間有個不大的「雞弇」，即專門用來圍小雞仔的雞蓋，免得被狗或天上的大冠鷲給叼走。雞弇上方有把的籃子是裝輕物的，像衣衫或青菜，一般就稱菜籃或洗衫籃，可以一次挑兩個。菜籃和門中間有塊大砧板，拿來剁樹根藥材番薯很方便。廊下左右散放著四個甕，用蒲勺或石頭蓋著，這種甕可裝乾的鹹菜、豆豉，或各種醃瓜醬菜，菜園缺菜時，就從這裡下手救急。

夏天用的大件草蓆立在門旁晾晒，草蓆旁掛著的竹籃可以用肩揹，出門裝雜物挺好用，掛竹籃的掛勾取自樹枝的分岔，稍微用刀子修一修，就是耐用的掛勾，左右各吊了一個。草蓆下的畚箕是裝番薯、肥料、泥巴、果皮、垃圾的，和裝淨物的插箕有別。

天亮的時候大門一開，主人給家神牌[1]燒香倒茶後，大門就不再關，只把竹笪門（竹編柵門）帶上，免得雞鴨鵝狗跑進屋裡，看吧，笪門忘了關，雞就跑來跑去到處找東西吃了，冷不防還給你隨地大小便。

左側竹竿晒著衣裳，說明了女主人早早把衣服洗好上工去了，衣衫邊吊掛著留種的菜籽或晒乾的青草，和晒衣竿一起利用自製的木掛勾懸吊著。幾根直木棍或竹棍立在屋前，挑物趕狗打蛇皆好用，還有什麼沒說到嗎？這可是比博物館裡的擺設生動多了，門前物件雖多，卻不覺得雜亂或骯髒，這就是 60 年前阿公阿婆生活的家。

1.家神牌：祖先牌位，客語稱祖先為阿公阿婆，又稱「阿公婆牌」。

1950 年代，一戶新竹農家前的各種生活器具與農具。

1 勾仔
2 乾菜籽或青草
3 砧枋（木頭砧板）
4 洗衫籃、菜籃
5 雞弆
6 笪仔
7 擔竿
8 籮仔（圓籠）
9 竹笪門
10 草蓆
11 籃仔（可肩揹的竹籃）
12 竹篙或棍仔
13 醃缸（裝醬菜的陶甕）
14 畚箕

留種

古老神話的洪水傳說裡，受到神的眷顧而得以逃難的人們，除了把牛馬家畜帶進大船艙，還帶了所有植物的種子。有種子才有糧食，逃難如此，世代不輕易遷徙的農家亦如此。

這用簡陋杉木板釘製的房子外，吊掛著蔬菜雜糧，藉著陽光讓它們乾燥，得以保存到下一季要播種前不致發霉敗壞。大大的絲瓜最容易留種，因為它有堅硬的外皮，取種後纖維還可以當菜瓜布，而有莢的短豆也是農家最常種植的，葉菜類種子細小，就要用布包起來免得紛飛四散；往昔農家還有把種子塞到牛糞裡，再把牛糞塞到牆壁縫裡的保存方法。這些種子是暫時沉睡的生命，等入了土發了枝葉再開花結果，就準備上農家的餐桌。

農家自己留種，如此留了幾千年，養活了不知多少世代，沒想到科技進步的這個世紀，出現了生物科技的跨國種子公司，藉由肥料與農藥補助，推廣基因改良品種，先讓農民獲得高產量的收益，然後才現出原形：這些產量、存活率、抗病率皆提高的基改種子，被登記了專利權，而且只有一季的生命，沒有傳宗接代的能力，想要繼續種植，你得再跟這些公司購買這種不會傳宗接代的種子。

在印度，有許多農人因此自殺，因為早已放棄了自己的種子，又買不起基改種子和肥料農藥，田地再也養不活全家，跨國公司不僅「滅種」，還滅了農民的生路。此時，許多人方才驚覺，自行留種育種的重要性，於是有了社區運動和種子銀行的出現，備極艱辛的對抗跨國大恐龍。

一粒小小的種子訴說了哪些全球正在發生的故事？它與糧食自主、基因汙染、全球化、貧窮、權力、生物多樣性、環境汙染、傳統文化等多重議題扣連在一起，這恐怕是畫面中的農婦，所難以想像的今日世界。

1950 年代，苗栗大湖鄉農家把留種用的絲瓜等蔬菜掛在牆上曝晒，左牆上方的 DDT 記號，是 1952 年起政府定期在農村噴灑 DDT 殺蟲液以防邊瘧蚊的措施。

蝦公笱

1950 年代
新竹

泥牆上掛了好多小魚筌，客家話叫做「蝦公笱」，這種捕蝦籠幾乎是溪流漁具中最小型的，專用來捉小魚小蝦，當然，有時候不小心也會捉到小水蛇。

在工業尚未汙染環境前，不論閩客或原住民，從溪流捕食魚蝦是重要的蛋白質來源，每個族群都發展出竹製的漁具，且原理和方法幾乎一樣，就是把竹子剖成竹篾，依照需求編成不同大小體型，入口的設計都是能進不能出，尾端還有個頂蓋可以打開以便放餌或取出漁獲。

往昔的餌多用炒香的米糠加地瓜揉成團，放笱的時間多是黃昏，等隔天清晨再去收穫，放置地點按照設定要捉取的種類和水的清濁，各有不同的技巧。

用這種蝦公笱捕到的小蝦，客家人喜歡拿來剁得碎碎再油煎，叫做「剁蝦公醢」，有些地區與原住民一樣，不煮熟，直接生醃密封，發酵後食之，喜此味者謂為人間第一美味，不喜者謂為腥臭，避之唯恐不及。

別小看這蝦公笱，《莊子》裡有「得魚忘筌」，杜甫詩中有「兒去看魚笱，人來坐馬韉」，唐末文學家兼農夫陸龜蒙在故鄉蘇州耕讀時也曾寫下：「處處倚蠶箔，家家下魚筌」，這伴隨農家生活的古老捕魚用具，在工業時代的邊臨下，竟從這泥牆走進博物館了。

1950 年代，新竹農家外牆上掛著兩大串捕蝦籠，窗櫺上還有留種用的瓜果。

蝦公笱

提把，可多個串在一起攜帶或吊掛。

頂蓋，由一枝長竹片扣在蝦公笱上固定，
打開即可取出魚蝦。

第二個入口，尾端以長竹片收束，
魚蝦能進不能出，並略具彈性，
可讓稍大的魚游進去。

整個放在水面下，
上壓數個石頭加固，
以免被水沖走。

魚餌置於第二個入口後，
吸引魚蝦。

靠近頂蓋的前段篾片較小且編織稀疏，
以使小魚可以游出，同時從水中提起笱時，
可很快瀝水檢視漁獲。

後半篾片較大且細密

底部入口

底部第一個入口

外觀

內部入口

作業示意圖

陂塘脣个
老屋

1950 年代
新竹峨眉

北埔、峨眉、寶山一帶，是新竹地區最晚開發的山區，這裡的人口密度不高，除集居的小村外，許多散戶坐落山間水旁。從古早伐樟木、種香茅、植甘蔗、耕茶園、闢水田，到今天以柑橘聞名，看似人煙稀少的鄉鎮，小小山路過個彎卻總翩然見農家。

這在水塘邊以石為腳的農舍，中間主屋仍鋪蓋著茅草，茅草可年年重疊上去，非常耐久，兩旁側房應是後來加蓋，以瓦為頂。住在這樣自然的建築裡，又濱著水塘，想來夏天必定十分涼快。

池塘邊芒花蔓生，鄧南光以之為前景，頗有詩意。芒花子輕飄飄，隨風飛到山巔水湄，哪處落腳哪處生根，來台先人亦是，渡了黑水溝，循著親族腳蹤來到荒山野嶺，墾了密林開了池塘生養子息。經過平穩的幾代，世界起了大變化，子嗣遠走，老屋傾頹，這僻靜農家的後人說不定又像芒花似的飛落海外，在遠遠的某一處，偶爾午夜夢迴，想起童年這陂塘脣（邊）的老屋了。

1950 年代峨眉鄉，莿竹守護著一處山村老宅，白牆新瓦房與泥牆舊茅屋，以及兩支晾晒的衣竿，靜靜的倒影在屋後的池塘上。

過竹橋

1950 年代
新竹

老老少少的農婦，各個打著赤腳挑著細柴枝正在過橋，發現有人拿著照相機等候，快快把頭埋到柴堆裡，或是拿起斗笠遮臉，心裡可能一邊好奇著：挑細枝有什麼好拍？這是我們每天的生活啊！

開門七件事裡的柴米油鹽醬醋茶，柴就排在第一，沒柴火就沒法準備吃喝，農家婦女總要趁天旱時，多準備一些柴薪，粗木頭得男人幫忙砍鋸，起火的細枝就左鄰右舍相約一起出門張羅。

新竹地區多溪，夏季暴雨水漲，渡河端賴竹筏；旱季水淺，用幾顆石頭鋪在河床，人在石上行走過河略有跳躍樣，就叫做「石跳仔」，若還稍有淺水者，通常架設竹便橋，多以相思樹幹做底，麻竹和莿竹為面，黃藤纏索，路過時橋身總咿歪作響，走久了也就習慣了。

挑柴的女孩們正值國小初中的年紀，不是應該在學校裡念書嗎？重男輕女的農業社會，假如家裡經濟困難，又需要人手幫忙，通常會犧牲女性的教育機會，一個辛苦了一輩子的老媽媽感慨的說：「下輩子假如再讓我出世，做農不要緊，別再讓我不識字，像盲人一樣……。」

女孩們帶著微笑過河，不知是否也帶著微笑度過這一生？

1950 年代，一群農家婦女與小孩擔著細柴枝走過竹橋。

伯公

1950 年代
新竹

初春時分，水田剛整平，蕭索冷凝的空氣裡，枝椏都還光禿著；那應該仍是十分冰涼的水田裡，有個農人似在施肥──想必他是赤著腳的吧?! 小小伯公安靜的立在路旁，看著春夏秋冬，看著辛勤的庄稼人，又開始了他年復一年的春耕。

「伯公」是客家人對祖父的兄長輩的稱呼，而身為福德正神的土地公，客家人也是叫「伯公」，從這個宛如親人的稱謂就可知，客家人對土地信仰之親近和普遍。

往昔客家人每移居一地，除了第一要安頓好家神牌，接下來就是要在住家或田地附近，請伯公來照護平安。所以，在水頭、水尾或溪河轉彎處，通常會有水口伯公、水尾伯公、渡船頭伯公，村子裡會有開庄伯公，外圍會有柵門伯公，耕作的地方會有田頭伯公、田尾伯公、大樹伯公，依照產業發展還出現了腦寮伯公、油車伯公、炭窯伯公……。

不可勝數的伯公守護著人們，而伯公的樣式，從一棵大樹、一塊大石、一間小石屋，到廟宇式的建築，從不影響人們對祂的依賴。家裡有老人家的，總會每天晨昏到「伯公下」上香奉茶，客家人稱伯公壇、伯公廟或伯公一帶叫做「伯公下」，家中有婚喪喜慶、求學赴考、求職謀生、服兵役的，都會到伯公下拜拜以祈求平安順利。

伯公不僅是農人精神上的守護者，也是全家人傾訴和許願的對象──小孩子挨打了，會學大人跑到伯公下跟伯公訴說委屈；大人生活不順遂了，也來這裡求；老人家擔心在外地的孩子，跟伯公講一講，心裡就踏實多了。伯公聽了好多願望，也聽了好多苦楚，在這溫暖即將降臨的春天，一切，會變得更好嗎？伯公不語，只有農人辛勤的身影，日復一日勞動著。

1950 年代初春，新竹鄉間田邊的一座伯公廟，廟小、神案小、金爐小，守護著的，卻是大片的田地與人們祝禱現世安穩的祈望。

掌牛

1950 年代
新竹

溼溼潤潤的天氣，雨下的不大，可是牽牛出去吃草，總要一下子的工夫，簑衣不穿，不一會就會淋溼，簑衣穿著，笨重又發癢，但無論如何，牛吃飽最重要，因為牠是一家人最珍貴的工作伙伴，從打田到收割，沒有哪個環節少得了牠的。

客家諺語說「四月芒種雨，五月無燥泥，六月火燒埔」，又有「小暑小禾黃，大暑滿田光」，就是說四、五月天氣總是陰雨綿綿，到了六月梅雨季結束，又乾又熱的小暑之後，就是收割稻子的時候；在這小暑收割之前，應該是牛可以稍微輕鬆休息的難得時光，好好把牠餵飽，等到了收穫和整田的季節，「六月天公，家神牌都愛動」，忙碌的程度連祖先也忍不住要下來幫幫忙囉。

客家話的「掌」，有看管的意思。掌牛人所穿的簑衣，是由高大的黃棕鬚所製作，分為上衣下裙兩件式，是家家戶戶必備的生活用具，這種強韌且防水的材料，除了做雨衣外，還是製作繩子的最佳素材，山歌裡有「黃麻打索毋當 1 棕」，就是指用黃棕做出來的繩子是最耐用的，牛軛上拉牛的繩子，通常就是選用黃棕做的，而一般做掃把以及廚房裡刷鍋子的棕刷，則是普通的山棕。

掌牛人手持一支棍子，有時候牛兒想要偷吃稻子，就用棍子嚇嚇牠，牛繩拉一拉，牛就知道意思了。老人家按照牲口的特性說了：「掌牛有寮 2，掌馬有騎，掌羊跌溜 3 膝頭皮」。羊喜歡爬坡蹬石頭，少不了讓放羊人摔跤磨破膝蓋皮，而放牛是最輕鬆的，「有寮」就是有得休息有得玩，畫面的一派悠閒，正印證了這古老諺語。

1. 毋當：不如、比不上之意。
2. 寮：休息、遊玩之意，比如邀請他人來玩，說「來寮」，放假叫「放寮」。
3. 溜：滑動；溜皮：磨破皮。

1950 年代新竹鄉間，農人戴上斗笠、穿上簑衣，帶著牛兒到田邊吃草。

耕種人

1950 年代
新竹

稻米一直是台灣人的主食，略略駝著背的農人，肩上所挑的牛軛、犁耙，繩索牽著的水牛，都是傳統水田耕作不可或缺的要件，獸力、工具、種子，和勤奮的耕種人，一起生養了世世代代。

水田在插秧之前要先整地，整地的工具「犁耙碌碡」都要靠牛隻一起戮力完成，農人左肩那彎月形的木桿，是給牛套在肩頸上的牛軛，軛的兩端再用繩索曳引犁耙等其他農具或拉車。

他右肩的犁，負責鬆土的第一道要務，鐵犁把深層的泥肉翻出來曝晒陽光消毒，也把表土的稻稈、綠肥犁入土中當作肥料，犁田後約半個月，引水泡田，再用左肩這個鐵耙把泥土切得更細，同時收集田土裡的雜草。

有經驗的農人看到犁耙就說了：神仙打鼓有時錯，熟練的農人有時還是會不小心被犁耙割傷，那被金屬割破的傷口，摻著田水泥巴，極易含有劇毒，引發感染腫脹，那劇痛可使人兩三天不成眠，這時，「犁耙草」就要來救命了，以前到處很多野生的，採下來洗淨搗爛，跟黑糖一起蒸過，敷到傷口上能迅速消炎退腫。

靠天和靠田吃飯的耕種人，沒有生病的權力，若不能趕快回到田裡工作，又沒錢僱工，耽擱了整田插秧，一整季的收穫就會受到影響，全家人只好等著吃番薯度日了。

現在的牛隻在觀光區拉牛車載客，犁耙碌碡被機器取代，神奇的消炎犁耙草，不知是否還在？

1950 年代新竹鄉間，農人挑著牛軛和犁耙，老牛的繩索鬆鬆的繫在擔上，人與牛，一起走過村莊，不知是準備要到田裡上工，還是做完一天農事正要回家呢？

整田的農具

犁

鐵耙（而字耙）

割耙

磟碡

割禾

1940 年代
新竹

狹長的山坡梯田正在收割稻子，大家分工進行：有人割禾、有人「拌禾」，有人裝穀，家裡人手多的，全家出動，不夠的就和鄰居換工，割稻的勞動量大，通常上下午都還要準備點心，割早冬禾₁一天得吃上五餐，慢冬禾₁因為天暗的早就吃四餐。

客語的捶打叫做「拌₂」，用力捶打使稻穀與稻穗分離就叫做拌禾，這是最傳統的收割法，圓形的木桶就是拌房，裡面有叫做「穀梯」的橫竹條板，農人用力把稻束往穀梯捶打，稻子掉進木桶，滿了再「出桶」，用米籮或麻布袋挑回家。

與拌房連在一起的高高的網子，通常用黃麻或竹篾編製，目的在防止稻穀彈跳出去。在這種帶網的拌房出現之前，最原始的脫穀法，就是把稻束往石頭或木頭上打，後來發展出竹編圍屏，折成 V 形後，把稻子打在中間以便收集；相較起來，這種桶狀拌房算是又進了一步。

正在收割的梯田是環著山開墾出來的，因為坡陡，面積不寬，要運送拌房和沉重的稻穀，都加倍吃力，老人家卻說：「你們聽過什麼叫笠嫲₃夫₄、簑衣夫嗎？」夫是計算一塊田的單位，類似一坵，而形容田地面積小得像一個斗笠，或是一件簑衣，就叫做笠嫲夫、簑衣夫，這種超級迷你的小梯田，連牛都幫不上忙，從打田到收割全靠人力，足見先人為了要吃一口飯，是多麼不容易的一件事。

1. 早冬禾：一期稻；慢冬禾：二期稻。
2. 拌（pan53）：國語破音字ㄆㄢˋ，使分開、散開之意。
3. 笠嫲：斗笠。嫲，客語語尾助詞，泛指陰性，比如刀嫲、薑嫲、杓嫲、舌嫲。
4. 夫（fu53）：古時井田制度以男丁數分配田地，故以「夫」為田地計量單位。

1940 年代，新竹淺丘地帶的梯田，農人正在用古老的方式收割。

拌房

三面圍以黃麻或竹篾編成的網子，
防止稻穀彈跳出去。

農人手持稻穗，
用力往穀梯摔打，
使穀粒脫落。

竹條釘成的穀梯，
有的會在竹條上倒插粗U形鐵線，
加強穀粒脫落。

拌房，為圓形木桶，
盛裝打落的穀粒。

機器楻

1960年代
新竹

田裡正在收割稻子，兩個男工各抬起單腳踩踏機器，雙手持著稻把配合腳的韻律轉動脫穀，等穀粒都脫好了，丟下稻把，旁邊有兩個女孩正等待那丟出來的稻稈，看看是否有沒脫乾淨的稻穗，這是古早台灣版的拾穗，客家話叫做「拈禾串」。

這個用腳踩的齒輪傳動脫穀機，叫做「機器楻」或「機器房」，比起原始徒手脫穀法是一大進步。房內有木製滾筒，滾筒上有半圓形粗鐵線，農人手持稻束於滾筒上方，待腳一踩，滾筒轉動的力量可使凸起鐵線將穀子與稻穗分離，掉在木箱裡，竹編的小屋頂是為了遮住此時彈跳的稻穀，讓它們乖乖的全都集中於木箱，等稻穀將滿，再用放在頂上的插箕[1]分裝到米籮上，挑到就近的晒穀場或是以牛車運回家晒。機器房旁邊有個竹編的小籃子，那是裝鐮刀的「禾鐮筒」。

撿禾串的女孩子留著西瓜皮頭，兩個人手上都抓著一把稻穗，脫穀機後方還有一位小孩也正在地上撿拾，小小的身影被遮住了。禾串撿回家後，把家裡的插箕倒過來，禾串放在上面揉一揉，穀子就掉下來了，穀子晒一晒可以給人吃，也可以給雞吃，家裡沒田產的貧苦人家，都會讓孩子去撿禾串，田地的主人是從不會驅趕這些孩子的。

奮力踩踏齒輪的農人，彎腰尋覓稻穗的孩子，在在都訴說了早年農村生活之不易，撿了一整天的稻穗，到底有多少呢？這真是食物過剩拚命減肥的今人所難以想像的。

1. 插箕：形狀與畚箕類似，但其竹篾和編織都較細密堅固，無耳，前緣和底部是平的，主要用於移裝穀、米、豆等糧作，使用時的動作是「插」進糧堆再盛起，所以稱插箕，材質有竹、鋁兩種。

1960年代，農民腳踩機器楻進行脫穀，小孩在一旁撿拾脫穀後殘留未淨的稻穗。

牛起番蠻

1940 年代
新竹

老伯母穿著傳統客家大襟衫和烏褲,牽牛出門吃草,半路上牛卻使起性子不聽話,老人家說,這牛,起番蠻了。

「番」是舊時對原住民的蔑稱,也用來指不講理的行為,「蠻」同樣指蠻橫不講理。這牛,為什麼起番蠻?比照前後圖片,原來是對向有台牛車駛來,老伯母要牽牠閃一邊讓路,牠看到有同伴,不想讓呢。

還有什麼時候牛會發脾氣呢?一大群孩子一起放牛,最怕公牛爭地盤相鬥,真鬥起來,牠們低頭瞪眼,把角朝向對方,不斷擺動前額,光是氣勢就嚇壞人,怎麼拉也拉不開,這才讓人領教什麼叫牛脾氣。

牛是很有智慧和感情的動物,養過牛的人說,分離很久的母子,或是曾經長時間相處的兄弟,若久別重逢,在牛欄裡會一整夜不睡覺,一直磨蹭好像在激動敘舊,直到天明。牛和人的感情亦是,愈熟悉愈聽話,看那老伯母一點也不驚慌,神閒氣定的拉著牛繩,就知道這牛待會兒八成乖乖聽命,趕緊讓路了。

上、下:1940 年代新竹鄉間路上,一頭牛看到對向有牛車經過要會「牛」,發起了牛脾氣不肯讓路,老婦人拉著牛繩把牠安撫了下來。

水車

1950 年代
新竹

客家先民墾荒「開山打林」之後的一大要事是「開陂鑿圳」，陂是水池，圳是水路溝渠，有了陂圳帶來的充足水源，田地才能發揮生產力；然而，有一些地勢較高的田地取水困難，形成「田高圳低，罔吃田糧」只能看天吃飯的窘境，這時，把低水送到高處的水車就來發揮功能了。

新竹地區普遍使用的水車，為唐宋年間發明的「筒車」，是由一個大輪軸上的擋水葉片和竹筒所組成。在北埔的南埔圳，至今還保存著這種水車，保存原因當然不是觀光或教育，而是為了灌溉水車上方的兩分祖傳田地。南埔圳在 1845 年（道光 25 年）開鑿後，先民就製作了這座竹筒水車，維修的技藝三代相傳至今，使得這兩分田不受乾旱之苦，並讓今人見識這已經走過 160 多年的活古蹟。

通常田和圳水的落差愈大，水車就會愈大，「七十二兄弟，隻隻有圈鼻，有的水上泅，有的水底汩1」這個謎語就是指有 72 個竹筒的大型水車，北埔水車只有 21 個竹筒，算是迷你的。這張照片經耆老指認，可能是在關西一帶拍攝，它製作年代相當早，因為竹筒前的擋水葉片是用竹片編製，晚期的大多使用較有推力的木板。

若有機會親睹水車之運轉，多會驚嘆於那巧妙的設計，老祖宗不用燒煤也不需核能，就這麼有智慧的把水運送到他需要的地方了。

1. 泅：浮在水上行進，如泅水即游泳；汩：沉入水下活動，如汩水即潛水。

1950 年代，新竹鄉間的三座水車，正不斷把低處的水，用一個個的竹管汲到架高的集水槽內，水再由通水管流送到需水的田地。

水車運轉原理

竹筒固定在外圈輪軸上，
轉至頂端，水就以一定的
傾斜角度倒入集水槽。

集水槽以木頭支撐，
水由側邊之出水口流入
下方通水管。

竹木做成之高架式通水管，
稱「梘」或「筧」，
將水導流到各處田地。

擋水片與竹筒呈傾斜，
水流衝擊擋水片，
即帶動輪軸轉動，
竹筒隨之過水而盛滿水。

水車大小，視田圳高度落差
以及所需灌溉面積而定。

圳溝、溪流之水

鮮鮮河水

1950 年代
新竹

一條小河蜿蜒而過，兩旁的農田蒙其澤蔭，不僅五穀菜蔬有了活命機會，河裡的鯽魚白哥蝦蟹蛤仔，也給人們帶來豐饒的吃食，這樣清澈無毒的年代，是現今許多人懷念不已，且正在努力追求回歸的。

乾癟的甘蔗用草繩串綁成籬笆，麻竹或孟宗竹做成了竹便橋，小河兩岸沒有水泥，石頭和植物共生的護岸，藏著許多生命，種菜的農人挑著木製的水桶，手持著杓子，正要去澆水，田邊挖了一方蓄水池，方便取水，但前提是，若沒下雨，就得靠人力把它注滿。

菜園裡種的看起來很像是芥菜，客家人拿來醃鹹菜或做覆菜的，每年秋冬總要種上一大片，為了讓芥菜長得大，間隔要取寬。在許多人的回憶中，小時候採收芥菜，覺得芥菜好像大到都比小孩的個頭還要高，沒下肥的年代為什麼芥菜長那麼肥，現在化學肥下多了，人卻吃出病了？

所有河水匯聚到大川，最終都是往海裡去，幾十年來它這樣流著，流著流著，流出了寶特瓶、塑膠袋、藥丸子，流出了洗潔劑、重金屬、汞汙染，流得回鮮鮮河水的年代嗎？但願是肯定的。

1950 年代新竹鄉間，農人把河水汲到木桶之後，挑到菜園澆水。

洗衫坑

1950 年代
新竹

看起來像是剛整理過的石駁崁，縫隙裡都還沒長出雜草，婦女們帶著髒衣服、插箕、搥棍，一邊洗衣一邊聊天，像這樣不是大溪河也不是小水溝的支流，一般叫做坑水，這洗衣服的地方，就叫洗衫坑或洗衫窟，在客家庄是很普遍的地名。

早年洗衣服沒有化學合成的清潔劑，那用什麼洗呢？最早的時候，用廚房大灶裡燒柴留下的火灰，把灰放在盆子裡攪水，倒出上面乾淨的溶液浸泡髒衣服，90 幾歲的老人家說，那水裡有鹼，髒衣服洗得乾淨又潔白。

而 70 歲的老婦人則說，她這代沒用火灰了，滿山遍生的「目浪子」，和製茶油後的茶渣所做的「茶箍1」是最常用的洗劑；另有一種叫做狗騰鑽的植物，它的根部搥打後會起很多泡沫，但較少見。

目浪子是無患子的客家名稱，它在果皮和種子之間有一層厚厚的果肉，含有很濃的皂素，只要稍微敲打搓揉便會產生泡沫，這種會自然分解、不汙染環境的天然清潔劑，是老祖先拿來洗手、洗臉、洗澡、洗髮、洗衣的萬用品。

目浪子的結果期在 5 到 8 月，婦女會叫小孩去撿拾果實，這樣就不用花錢買茶箍，有些人家會特意在屋子附近栽種以方便拾取，目浪子的生存力很強，而且往往長得很大株，把它的果肉加上米糠捏團晒乾，就是最古老的肥皂。大自然恩賜了潔淨的溪水和天然洗劑，只要加上勞力，就可以過乾乾淨淨的日子了。

1. 茶箍：用榨完茶油的粕製成的餅塊，是良好的清潔品。現今客語仍以茶箍指稱肥皂。

1950 年代，新竹鄉間一處洗衫坑，洗衫的大石板與充當座位的扁平石頭，整齊有序的擺著，三位村婦正在洗衫。

河壩洗衫

1950
新竹

一條不算小的溪邊，婦女們聚在大樹蔭下，彎腰努力搓洗著一家人的衣服，周圍或近或遠的鵝，對這些每天都來報到的浣衣婦女再熟悉不過，牠們毫不怕生的在旁邊戲水，一派悠然自得，人與鵝和平共處，流露著農業時代的恬靜與自然。

洗衣服，是舊時農村婦女家務勞動的一環，通常一大早準備好早餐後，就提著洗衣籃往河邊去，夏天站在水裡洗，到了冬天，溪水冷，可就得在岸邊蹲著搓。洗衣的同時許多小道消息在此流通，彷彿收音機打開了，鄰里的消息開始散播，收音機聽畢，快快回家晾晒，因為還有做不完的活在等著。

遠處有座橫跨溪流的水泥大橋，被鄧南光以樹蔭為前景巧妙遮住，大橋、汽車、工廠，一步步吸走了鄉村人口，也慢慢改變溪流生態。時至今日，洗衣機的便利，讓婦女們慶幸不用再辛苦搓揉，但望著無法再浣衣的汙濁溪水，我們的生活，卻彷彿少了什麼？

1950 年新竹地區，一群老老少少的婦女在溪邊洗衣。

茶山

1950 年代
新竹

傳統台灣農家以闢耕水田種植稻米為主要糧食，但在清末至光復後的百餘年間，新竹近山坡地開始被茶樹占領，在外銷厚利的誘因下，許多水漾漾的梯田變成茶園，且不斷往深山一步步拓植，無論山坡如何陡峭，只要適合植茶，就沒讓它荒著的道理。

畫面裡右上角一大片茂密樹林，是尚未進墾的山坡原貌，右下方的茶園，看得出來是較茂密的老茶樹，中間和較前面看得見裸土披露的，是新植茶苗。坡上樹林並未砍盡，有些當工作時休息的遮蔭，有些當界線，陡峭的一片山坡地，可能分成好幾個地主，分不同階段闢植茶園，落落錯錯的景致，訴說了新竹地區茶業鼎盛的風光年代。

台茶在清代中期已運銷中國，在日本治台前，茶已經和糖、樟腦共同成為出口大宗，產地以北部為主。清代的台茶以半發酵的烏龍茶聞名，大戶小農皆可自植自製，再由茶販收購運到大稻埕販售。茶葉為農民帶來可觀的收入，有些連人都幾乎難以立足的山坡地，仍有辦法闢來種茶，老人家笑說，那些除草工和採茶人的腳，跟山羊有得拚。

日本時代除了延續烏龍茶大量外銷，還發展全發酵的紅茶、不發酵的綠茶，並引進機械，促使大型的製茶工廠誕生，許多小農變成純賣茶菁給工廠。1970 年代之後，外銷茶從世界市場衰退，加上製造業和輕工業大量吸納農村勞力，使得製茶葉從外銷轉成內銷，這些茶園在茶菁需求量減少下，又慢慢恢復成森林樣貌。

新竹地區茶農對像這張照片一樣的茶園景觀特別有感情，因為今昔植茶觀念和方法大不同，在現代化肥農藥機器的伺候下，茶園大多整齊劃一，不留半株會影響收成的樹木；反觀圖中這種充滿自然感的山坡茶園，以經濟觀點來看產量或許不太及格，但卻是陪伴新竹近山小農一世紀的產業記憶：只要有一小塊山坡茶園，採回來的茶菁在自家門口晾晒，在廚房客廳就可炒揉焙製，做好的粗茶挑給茶販就有現金可讓小孩讀書，「這下無恁樣的茶園了咧！1」老茶農說。

1.這下，現在；恁樣，這樣，全句的意思是：現在沒有這樣的茶園了啦。

1950 年代，新竹淺山地區的茶園。

過茶秧

1940 年代
新竹

這個男子拿著石頭蹲在茶樹邊做什麼呢？原來他正在進行重要的繁殖工作：壓條，正式名稱叫做「曲枝壓條法」，客語說「過茶秧」，「過」有移動的意思，利用壓條入土讓枝條長新根，再移植這新秧苗，茶秧就「過」好了。

壓條的步驟是，先把茶樹周遭的土挖鬆，把選定的茶株枝條中間稍稍扭轉裂開，用意在故意破壞組織以促進此處另生新根，然後用準備好的竹片橫壓此枝條，把竹片兩端深深插入土中，再覆土即可。男工手裡的石頭就是在敲竹條，藉以固定茶枝入土，他正前方的竹條清晰可見。

男工前方的茶樹是已經壓條完畢的，叫做「過好了」，身後的茶園整整齊齊明顯還沒過，他雙手戴著竹編保護套防晒防刮，另外，可能是為了拍照，戴了頂特別的帽子，否則當時男工一定是戴斗笠的。

經驗老道的茶農都認為用種子發苗的茶樹品質不良，以壓條繁殖最佳，要選二到三年生的茶樹來過枝最好，太老的不易成功。畫面裡的茶樹看來正是兩三年的樹齡，而壓條的新枝要一年時間來長成，所以假設要闢新茶園，就得提早一年準備茶秧；在日本時代大闢茶園的時候，茶秧可是供不應求的。

過茶秧的流程方法至今變化不大，外行人看到圖片不知道這在做什麼，老茶農一看，說：唉唷，我做多了，沒這樣大太陽下蹲著一叢一叢過，你哪來一大片茶園呢？

1940 年代，新竹一處茶園裡，男工正在用壓條法種茶秧。

摘茶細妹

1940 年代
新竹

「摘茶愛摘兩三皮[1]，三日沒摘老了哩」，這首山歌唱出了茶菁快速飆長，三天不採就老了沒人要的生態。採茶，是茶業製程中最需大量勞力趕工的階段，在茶業的黃金年代，採茶人從十二、三歲的少女，到五、六十歲的媽媽，遍布山頭。

採茶時的標準打扮，是斗笠、頭巾、袖套、茶簍，客家婦女一年四季多穿長褲以利勞動，所以用不到綁腿，但一定得用頭巾保護臉頸，以免晒傷，這位小妹妹穿著裙子圖涼快，但在茶園裡少不得被茶枝雜草刮傷，所以小腿上做了保護。

採茶時還有一種獨特的職業裝備是：雙手的大拇指和食指通常戴著指套，如此摘茶摘久了手指才不會疼痛或裂開，指套大多自己縫製，得要用粗一點的布才耐用，後端還縫條繩子以利抽緊固定，仔細看，圖中少女手裡也有戴呢。

早年為紅茶工廠摘採大量茶菁，是用秤重計酬，頭家會派人在茶園收茶秤重，採愈多收入愈多，製紅茶的茶菁又大又長，一天可以採幾十斤，是北客家的婦女重要的收入來源。現在除了高級茶，其餘都用機器剪了。

辛苦一季後，得了工錢怎麼用呢？還沒結婚的女孩，大多繳庫由父母接收充當家用，已婚婦女也有拿來幫忙家計，以敷婚喪喜慶各項支出，但較多是拿來當作私房錢：一年一度做新衣，給女兒添嫁妝，給自己打個金戒指，全靠這採茶的收入。

現在到新竹的茶園裡去看，隨便點三位採茶人，加起來都快要超過兩百歲，茶業和社會的經濟型態轉變，使得這個要早起又要晒太陽又要彎一天腰的工作，把現代細妹都嚇跑了。這位十幾歲的採茶少女，仰頭望向遠方，她是會留在農村，還是唱著〈孤女的願望〉到了工廠？假如一直待在鄉下，說不定現在還在採茶哩──不開玩笑，現在茶園裡還有 80 幾歲的阿婆唷。

1. 皮：片，一片叫一皮。

1940 年代，新竹茶山的採茶小女孩，茶簍、指套、斗笠、袖套、腳套，裝備一應俱全。

膨風茶園

1950 年代
新竹

兩位摘茶婦人在斜射的陽光下採茶，看似再普通不過的畫面，卻暗含玄機——茶園裡布滿了快要比茶樹還高的雜草，為何這些草不除？原來她們在採摘要製作膨風茶的茶菁，若沒了草，蟲子就少，沒了蟲子啃食茶葉，就做不成上等膨風茶了。

早期茶農主要採收春冬兩季的茶，夏茶因氣溫高雨水多，品質並不優。但是有一年，無可考的日本時代的某一年，北埔有人將夏天被蟲啃咬過的茶菁拿來做了兩斤烏龍茶，沒想到發展出前所未有的蜂蜜香和花果香，於是，將這兩斤茶拿去台北參加評比，竟被商人以一斤百元的高價悉數收購。消息傳回北埔，鄉人皆謂「膨風」，因當時北埔庄長月薪不過 20 元，待隔日報紙一登，「膨風茶」之名不脛而走。

從此大家競相模仿選取夏天被蟲咬過的茶菁，以半發酵方式製作膨風茶，此茶風味關鍵全來自綠小葉蟬吸食嫩葉後的天然發酵，客家人稱之「著園」或「著涎」，指整園都被蟲咬過了。因此，生態愈是自然、草長得愈高的環境，蟲愈會來，才有上等茶菁可摘。

膨風茶另名東方美人茶，據說是獻給英國女皇喝過後驚為天人而獲賜名，另一說則為蔣經國先生來到峨眉品茶，認為膨風不雅而異名。無論如何，圍繞著此茶的，一直是各種傳說和居高不下的茶價，也幸有此茶，使北埔自日本時代發展下來的精湛製茶技術有了傳承機會。

然而老茶師說，空有一身手藝也無路用，以前沒有農藥化肥，只要不除草，那著園的茶園整大片黃黃的，小蟲子跳來跳去，像荒野一樣，做好的成茶有厚厚的白毫，漂亮得不得了，看起來像是活生生會蠕動的毛毛蟲。現在環境大變，就算夏茶不噴藥，也做不出那樣的成茶。

照片中的採茶女在雜草叢生的茶園裡，包得密不通風，太陽愈來愈大，汗水愈來愈多，兩隻不能停歇的手，一直採一直採……，採到了現在，茶園、蟲子已經少了絕大半，接下來還要再少什麼呢？蟬聲依舊高鳴，但茶園已無山歌。

1950 年代新竹一處茶園內，兩名採茶女正在摘茶，茶樹間雜草遍生，引來蟲害，蟲咬過的茶葉，最適合拿來做膨風茶。

鋸茶

1920 年代，紅茶風行全球，日本人在新竹州鼓勵大量種植紅茶茶種，關西、竹東、芎林、北埔都出現大型紅茶工廠。圖中正在進行的就是紅茶工廠的機械揉捻，揉茶的客家話是「鋸茶」，鋸茶不能用會生鏽的鐵製品，要用銅，所以這些機器叫做「大銅鋸」，即「傑克遜揉捻機」，是英國人 William Jackson 於 1872 年在印度的阿薩姆省所發明。

揉捻是在萎凋之後進行，稍具規模的茶工廠會將萎凋室設在二樓，萎凋後，藉由事先設計好的樓板小空格，把茶菁直接漏到一樓的揉捻機裡，要漏茶之前，樓上的工人會大喊：「愛（要）下茶囉！」下面呦喝一聲隨即配合作業。

仔細看，三個工人頭上都有三塊布套，最遠的還可看到布套上方的小空格，那就是下茶的地方，茶菁漏好會把布套打結收起來以利工作。工人右下方有個把手開關，往上一推，揉捻機就會打開把揉好的茶葉往下送出，現在把手在下方，可見機器正在揉捻。

揉捻後要解塊發酵，然後用乾燥機焙茶，乾燥機產生的熱氣輸送到二樓，再用抽風機使熱風流動，可加速新採茶菁的萎凋，萎凋後再從二樓漏下來揉捻，如此形成一個良好的循環，所以通常紅茶工廠的二樓都是萎凋室和成茶的倉庫，一樓就負責揉捻、解塊、乾燥。

一般在茶工廠作業的男性大多衣著簡便，這裡的工人可能是應拍照要求，穿上了極為正式體面的工作服，以便向外國宣傳本工廠「衛生安全整潔」的製茶環境。

北埔老茶農說，日本時代北埔姜阿新工廠的大銅鋸比這個還要大，一次出茶就是十幾台卡車。他在光復後成立永光公司，全台有十幾個製茶廠，與日本三井株式會社和英商怡和洋行合作，將紅茶事業推到最高峰，而得「茶虎」之名，為了迎接外賓，還特別營建有名的姜阿新洋樓，成為台灣紅茶歷史的見證。

台灣紅茶外銷在 1960 年代開始走下坡，如今紅茶工廠多已拆除，從圖片中保養得光鮮亮麗的機器和西式制服，可想見當年之風光。

1940 年代前期，新竹一家紅茶工廠內，工人正在茶葉揉捻機前作業。

1940年代紅茶產製實錄 紅茶的機械生產以及大量外銷是台灣茶業革命性的
一段歷史，日本時代中期，台灣紅茶迅速發展，成為台茶後起之秀，新竹地區
是主要產地，從茶山一片片青翠的茶葉，到芳香四溢、色澤飽滿的茶湯，這之
間可是要經過許多複雜的程序。非常難得的，鄧南光在1940年代記錄了家鄉
紅茶工廠的產製過程，從萎凋、揉捻、解塊、發酵、乾燥、剪茶、篩分，到包
裝成罐，一一入鏡，可說是台灣紅茶光榮年代的重要見證。

本跨頁圖均攝於 1940-45 年，新竹

1. 挍茶菜（挑茶菁）：採茶女把茶籃裡的茶菁集中到特大的竹簍之後，
由工人挑出茶山再送到茶工廠。

3. 披茶（萎凋）：把茶葉披開以利通風萎凋就叫做披茶，因為茶菁量大，
樓板面積不夠，所以發展出木格和竹編方盤披茶，此時抽風機要打開以
加速通風萎凋。

2. 秤茶菜（秤茶菁）：茶農把新鮮的茶菁賣給工廠，秤重記錄，約十天
到一個月再結算領錢。

4. 鐳茶（揉捻）：工人操作揉捻機，揉捻的功能在於破壞茶葉的組織，
使茶汁和芳香釋出於表層，以便沖泡時可迅速溶解出來。

5. 發酵：揉捻解塊後靜置發酵，地上放水增加溼氣，此時門窗要密閉不通風才能加速發酵作用。

8. 篩茶：利用茶葉在網格上抖動，形成篩分粗細的功能。

6. 焙茶（乾燥）：用大型甲種乾燥機進行烘乾，讓茶葉停止發酵，乾燥後就是半成品，稱為毛茶。

9. 揀茶：挑出老葉、茶梗、小石頭、雜質。

7. 剪茶：把乾燥好的茶葉倒入剪茶機，裡面可按照訂單要求設定剪成幾「分」，即粗細的單位。

10. 包裝：若是大量出口，用大型圓鋁桶或木箱包裝，若接到小包裝的訂單，就用鉛罐分裝。有時小鉛罐也當大包裝的樣品隨貨出口。

焙茶

1940-45
新竹

茶葉製程最後一道手續就是焙茶，也就是將已經萎凋、炒菁、揉捻過的茶葉加以乾燥穩定。傳統沒有機械設備，以炭焙為主要工法，稍具規模的茶工廠會有大型焙茶室，以便一次可以同時進行大量乾燥。

製茶耆老對圖中的工序另有看法，言其並非最後程序的乾燥，而是傳統手工揉布球過程中的解塊加熱。球形包種或烏龍的製程中，茶菁揉捻解塊後，要放在竹編簸箕上以炭火加溫，再包回布包加以揉捻，叫做溫揉，溫揉冷揉交替共 10 到 20 幾次，依師傅經驗完成。老師傅從簸箕上的茶葉看起來像是解塊後的茶菁，判斷這屬溫揉加熱。

圖中可見整排磚造「灶頭」，每口灶下面有放置木炭的入口，每一個灶上面有個竹編焙籠，以便聚攏熱氣，竹籠上面用密鐵網或淺邊平底的圓形簸箕盛裝茶葉，利用炭火的熱氣使之乾燥。

焙茶是利用高溫破壞殘留在茶葉裡的酵素，使茶葉完全停止發酵，並使茶葉體積收縮緊結，焙火時間長短會影響茶葉的香氣和滋味，因此通常由經驗老道的茶師負責。

新竹老茶農回憶，小時曾跟著大卡車送毛茶（粗製茶）去台北大稻埕，那裡的焙茶工廠讓他大開眼界，他們不是用灶，是用「焙籠窟」：在地上挖洞，把木炭放下去，上面再倒已經炭化的穀糠，穀糠上面點一個小蠟燭，就會慢慢往下燃燒。用炭化穀糠是因為可以緩慢助燃又不生煙，焙茶最忌煙，會使茶葉飽含煙味前功盡棄。

當時大稻埕較具規模的焙茶工廠會有三、四十個焙籠窟，一台卡車的木炭可以一次下完進窟，焙籠窟一經點燃是一整個月都不停火，可見當時盛況。新竹在地人稱那樣的工廠叫做再製廠，日本時代大量外銷時，桃竹苗多是交毛茶給大稻埕商人再製後才出口。

傳統焙茶過程從敲木炭、起燃悶燒、控制火候、翻動茶葉、滅熄，都得靠人力、經驗和技術，在現代多以電力機械輔助的工序下，炭焙茶已經搖身一變成為「特殊工藝」下的高級品，在往昔，這可是新竹茶農家戶皆曉的基本工法啊。

1940 年代新竹，製茶師傅把一籃籃的茶葉，分別放在木炭灶上的焙籠乾燥，這就是木炭手工焙茶。

日東紅茶

1940-45
台北

穿著典雅旗袍的端莊美女，在美麗的花窗前啜飲一杯什麼可口的飲料呢？窗外的自然光映在她姣好的身軀和面目上，身後小桌上的兩個茶葉罐，也在人工光源的特意聚焦下，顯得閃閃發亮，原來，這是「日東紅茶」的廣告呢。

日東紅茶是日本時代著名的三井財團的茶葉品牌，三井財團與台灣總督府當局交好，在日本治台初期即朝砂糖、稻米、茶葉、樟腦、煤炭等物產積極展開事業經營，由於最早來台發展，並兼具多種事業的壟斷權，在自有生產部門和進出口貿易部門的雙重經營下，成為擁有廣袤土地的龐大綜合商社，旗下主要企業有三井物產株式會社、台灣製糖株式會社、基隆炭礦株式會社、日本樟腦株式會社、三井農林株式會社等。

三井財團早在 1899 年就在台灣北部大規模開拓茶園，旗下「日東拓殖農林會社」並漸次發展成台灣製茶界的大型企業，從茶樹栽培到紅茶製造完全一貫化作業，製茶業甚至成為日東最大財源，其紅茶販賣的盈餘，足以彌補其他部門的虧損。

1941 年，由於戰爭的關係，台灣的茶業輸出，大多由三井物產包辦，當時三井自有品牌「日東紅茶」幾乎獨占了台灣紅茶之生產，而整個新竹地區的茶業發展亦與三井公司息息相關。

日東紅茶外銷到歐美，與英國的立頓紅茶各領風騷，鄧南光不僅拍下了植茶製茶的系列紀實，也為銷售端的廣告攝影，拍出細緻唯美的優雅情境。採茶女和製茶工的辛勤勞動，殖民帝國和財閥的合作無間，台灣紅茶外銷的輝煌，全在這一罐日東紅茶裡了。

1940 年代前期，「日東紅茶」廣告拍攝現場，一大一小的茶罐放在圓几上，旗袍美女姿態高雅的嗅聞著茶香，雅致的蘭花盆栽，更烘托了日東紅茶是上等品的格調。

細人仔
渡細人仔

1950 年代
新竹

農村耕作需要大量勞力，傳統農家總是盡量生養子息，爸媽在田裡有忙不完的活，大一點的孩子就得幫忙照顧弟妹，不然，就是會抱養一個女孩子，幫忙帶小孩以外，還負擔家事雜役。「細人仔渡細人仔」，大小孩照顧小小孩，是許多人共同的記憶。

畫面裡有五個孩子，大姊姊揹著一個光屁股的妹妹，旁邊小孩揹著一個看起來出生不久的光頭娃娃，另外一個小孩不知是好心要幫忙戴上斗笠，還是要幫忙拿下來，好給難得一見的攝影師拍照，說不定，這是他們第一次看見「攝影師」。

現今農村裡還有許多六、七十歲以上的老媽媽，都是被抱養的；講「抱養」真是不痛不癢，直接講，叫做送人、賣人。而農村還有個迷信是，領養一個女孩子，後面比較容易生男孩，此風到光復後仍極盛行，這樣的女孩多半取著這樣的名字：「招娣」以便招弟，「綢妹」就是除妹（客語裡綢、除同音），「盡妹」就是別再生女孩了。

通常，七、八歲大的姊姊，不會比大人閒，除了帶小孩，洗衣服、打水、挑水、澆菜、割番薯葉、煮豬食、餵雞鴨、煮洗澡水、撿柴，有些還要墊著小板凳在大灶前煮菜，只要是勞力負擔得起的範圍，樣樣都得做；因此，有些人對大姊的感情，感覺上像另個母親。

那個小孩生很多的年代，斗笠都是破舊的，沒鞋穿，沒褲穿，都沒關係，只要不被打罵，小孩的世界是不容易覺得苦的。

1950 年代新竹農家，小姊姊揹小妹妹，小小孩用細巾揹小嬰兒，年紀雖小，責任卻大。

細人
牽大牛

1950 年代
新竹

看來不過七、八歲大的孩子，就拉著一頭大公牛準備去吃草，後面一頭體型較小的，則由一個只看到腳、身高還不過牛身的小小孩牽著。頹壞的土磚房和新造的紅磚屋，形成強烈對比，生活雖已漸獲改善，但農事繁多，剛剛懂事的孩子，足以擔當掌牛重責，當然沒有閒著的道理。

右前方一大堆的稻草，裡頭是還有穀子的，用稻稈保護著以免潮溼，左邊被畫面切了一半的那堆也是，只有屋子正後方那兩堆稻草，是純草堆，給牛兒冬天缺青草時當乾糧用的，或者有時天雨，牛欄潮溼不舒服，丟些稻稈進去幫助乾燥。

牽牛吃草，最要提防牠們偷吃別人的稻作雜糧或蔬菜，掌牛的孩子很聰明，會把牛兒牽到遠離作物的地方，免生紛擾。通常最安全、青草又多的放牛地就是墳塚附近，放牛小孩一大群，早已習慣在墳塚間牽牛穿梭玩耍，所以民間有句諺語：「鬼驚掌牛人」，客語的「驚」是害怕的意思，人怕鬼，鬼卻怕那些放牛的，因為這些頑皮小孩總在他頭上踩來踩去，說不定還撒尿玩，這句話用來講一物剋一物，真是再恰當不過，也充分呈現了放牛小孩的生活，和調皮膽大的一面。

1950 年代新竹，兩名農家孩童牽著牛兒去吃草。

牛搵窟

盛夏，水牛最喜歡泡在池子裡消暑，打赤膊的牧童除了把長長的繩子整齊的綁在牛角上，還小心翼翼的再把末端綁在水泥護岸邊，等全部綁好，牛兒快樂的泡水，他也要逍遙的和同伴玩耍去了。

牛在池塘裡泡澡，客家話叫做「牛搵窟」或「牛搵浴」。搵，真是個傳神的字眼，把牛在池塘裡攪和不肯起來的動作，形容得很貼切，很多人有這樣的經驗：小時候在浴室洗澡洗太久，就會被大人斥罵：「你是牛搵窟嗎？洗這麼久！」

諺語有「牛搵窟，緊搵愈大窟」，就是把牛在水塘裡愈泡面積愈廣，拿來形容事態的擴大。北部客家的農事點心裡有一道叫做「牛搵水」，就是把粢粑（麻糬）分段，丟入煮滾的、很濃稠的老薑黑糖湯裡，粢粑浮在黑糖水裡的樣子很像水牛賴在泥水裡打滾，因而得名，這是北客農庄很常見的點心，因為糯米能夠飽足，又兼有老薑的驅寒效果和黑糖的營養。

還有一句經常拿來形容人手腳緩慢的：「你老牛搵浴，大家走淨淨咧！」你像老牛泡澡一樣，讓大家等那麼久，等得不耐煩，人都走光了！

一個牛泡澡的狀態，可以在生活裡變化出如此豐富的延伸，可見往昔人與牛相依的程度，現在拿這種話來罵小孩，恐怕孩子都聽不懂了。

1950 年代新竹鄉間，牧童帶著三頭水牛到田邊的大水池泡水，水牛怕熱，喜歡把整個身軀浸入水中，左邊那頭老水牛愜意得連眼睛都瞇起來了。

歕水波

1950 年代
新竹

家裡用過的藥罐子，或是給豬隻打藥後的空瓶，洗一洗，就是小朋友珍藏的寶貝，拿著玻璃罐裝點水和肥皂搖一搖晃一晃，就可以吹一整天泡泡，少少肥皂水所幻化出的瞬間五彩，為單純素樸的鄉野生活，帶來無限的華麗幻想。

吹泡泡小朋友的身後，有個圓形帶把的飼料桶，這是專門用來餵「豬嫲子」的木頭「豬箆」，剛出生的小豬仔就叫做豬嫲子，給豬吃東西的容器叫做豬箆，大豬的豬箆通常用石頭打造成長條形，比較穩固，而小豬的食器則需有移取的方便性與特殊設計，番薯葉、番薯和其他雜糧全部切碎摻在一起，倒進上方的圓桶口，圓桶邊有預留縫隙讓食物流到溝槽，這樣小豬仔就可以圍著這個會源源不斷漏出食物的溝槽，吃個痛快吃個飽。

客家諺語有「富人莫斷書，窮人莫斷豬」，養豬是農耕以外最重要的收入來源，幾乎家家戶戶最少都要養個兩三隻，所以豬嫲子的食槽是很普遍的器具，然而時代變遷，石頭打造的大豬箆在古董店裡養水草小魚，豬嫲子的小豬箆要到博物館看，而當年吹泡泡的小朋友，不知可有追求到他夢想的生活？

1950 年代新竹鄉間，一名小男孩在池子邊吹泡泡為樂。

小豬篊

提把，便於攜帶、移動。

豬食由這裡倒入

豬食由數個縫隙或
凹槽流入底部

圓形底部，
小豬可以圍著食槽就食，
不致搶食。

挑水

1950 年代
新竹

家裡的水缸沒水了，哥哥帶著弟弟，到附近的水井或陂塘挑水，也就是挑水，哥哥的桶子是錫做的，比較大，弟弟的木桶比較小，不知道是太重了挑不動想休息，還是看到有奇怪的人拿著照相機來拍照，弟弟害羞彆扭起來了，轉過身去，不知如何是好啊。

在電力機械都還沒有進入農村的年代，不論是食衣住行，大部分得靠人力完成，生活裡最重要的水，得天天補充，假如家裡就近有口井，那就謝天謝地，不用太花力氣，假如水源遠些，就難為挑水的婦女和小孩了。通常大人的勞力要花在生產糧食，小孩的勞力沒得浪費，幫忙挑水，只是生活雜役的一小部分。

挑回家的水倒在廚房的大陶缸，或是叫做「水倉」的四方形石窖或水泥窖，它會慢慢沉澱泥沙，一家人飲用洗菜煮食洗澡的水，全靠這一缸。全台客家庄有一種「有妹莫嫁某某地」的勸戒語，其中一句就跟挑水相關：「有妹莫嫁銅鑼圈1，食一擔水愛一晝邊2」，銅鑼圈地勢高旱，嫁去當媳婦光是挑一擔水來回就得半天，而注滿一缸水得要十幾擔，因而傳出了可千萬別把女兒嫁到那兒去的告誡諺語。

童謠裡有可愛的「鵝仔挑水鴨洗菜，雞公礱穀狗踏碓，狐狸燒火狼炒菜，貓公掌廚啄目睡，老鼠偷食燫疤嘴3」，想貪玩又得老老實實挑水以免挨罵的孩子，大概都巴不得能像童謠裡有雞鴨鵝狗來幫忙挑水等雜役，然後自己飛奔出去玩耍吧！

1. 丘陵地帶隆起之圓弧形高地，形似銅鑼，因此稱銅鑼圈，北部有不少這種地名。
2. 一晝邊：約一整個上午。晝：白天；上午稱上晝，下午稱下晝，吃中飯，叫食晝。
3. 雞公：公雞；礱穀：以土礱將稻穀去殼成糙米；碓：將糙米舂成白米的杵臼，後發明以槓桿原理舂米節省人力，用人力踩踏者叫石碓，以水推動者為水碓；燒火：燃燒煮飯的灶火；啄目睡：打瞌睡；燫疤嘴：被熱騰騰的食物給燙傷了嘴。整首童謠以鵝鴨愛洇水吃菜葉、公雞總是爬高高、狗兒時常奔跑跳躍、貓兒喜歡溫暖愛打瞌睡、老鼠常偷食等動物習性，結合農家日常勞務，既生動又有教育意義。

1950 年代，新竹農家小孩打赤腳挑水回家。

拈番薯腳

1950 年代
新竹

兩個穿得一身破爛衣裳的孩子，一個穿木屐，一個打赤腳，拿著竹籃到別人家的番薯田撿小番薯，北部客家人說，這叫做「拈番薯腳」。

番薯腳，就是指蔓生的莖藤搭到泥土所長的小番薯，一般種番薯有個過程叫做「掀藤」，就是為了讓營養集中在中間的塊根，而不讓藤蔓接觸泥地，瓜分營養。收成時，牛犁翻出地裡的大番薯，主人家收穫清運完畢後，總還有人會拿著鋤頭去鋤鋤看有沒有漏網之魚、漏拾之薯，而畫面裡看來已經是被撿得非常乾淨的番薯園了，小女孩能再撿到的，恐怕都像手指那樣細小。

家裡田地少的，或是生養孩子較多的，在光復後二、三十年間，大多經歷過這種生活，到別人田裡撿花生、撿豆子、撿稻穗，還堪食用的就變成餐桌上的食物，其餘給雞鴨鵝豬當飼料，就這麼勤儉克難的走過那段貧困的歲月。

1950 年代新竹，兩名農家小女孩在已經採收過的番薯田裡翻翻撿撿，尋找剩餘的小番薯。

剝樹皮

1950 年代
新竹

以柴薪為主要燃料的年代，收集木料是全家人都得同心努力的要事，有力氣的大人砍大木頭，沒力氣的小孩撿細枝或剝樹皮，看他們手裡拿著有點重量的銼刀，沒穿鞋也沒戴手套，為家裡燒飯煮水的來源而努力，現在都市裡備受呵護照顧的孩童，可能想像這樣的童年？

一般木頭工廠的老闆不會禁止小孩來取皮，有些甚至還要僱工剝樹皮，尤其以杉木和油桐較常需要剝皮，剝下的樹皮是生火的好材料。而懂事的孩子不論到哪工作或玩耍，回家的路上總是會注意路邊的枝椏，隨手撿回家，燃料嫌少不嫌多，乾牛屎也是上等燃料。

農家的柴薪大多就地取材，蓬鬆的稻稈、芒草、細枝、蔗葉、蘆竹是「起火」的好材料，竹子、樹枝、枯木大多一一鋸好晒乾，堆疊在柴寮，木材還有分粗細，想要燒大火，就多擺些易燃的竹子，想要慢慢煮水熬湯，就丟一大塊耐火的柴頭，而椰子殼、晒乾的玉米芯、玉米莖葉也都是可以當燃料的好東西。

傳統農村是在一個圓的循環裡，沒有任何物件是廢物或垃圾，這些柴火燒成的灰燼最終又回了田裡當肥料，滋養大地，生養人子；真正的有機循環，就在農家日復一日的辛勤勞動裡。

1950 年代新竹，兩名農家小孩在木頭堆裡用銼刀剝樹皮，一旁籃子裝著的樹皮還不多，得要再多剝一點，好帶回家當柴薪。

大頭鰱

1950 年代
新竹

好大的一條魚！經年勞動而體格結實的農人，趁著一點農閒時光，打赤膊下池塘網魚，這條起碼已長了一兩年的大頭鰱，可要讓孩子們歡天喜地個大半天了！

老人家說，要形容小時候有大魚吃的歡喜，可以這樣來對比：假設小孩今天給他十萬元紅包，那入口袋的滿足，遠遠比不上小時候看到爸爸帶一條大魚回家的快樂！

現代人能夠想像嗎？三餐只有醃菜地瓜，連米飯都經常缺席的餐桌上，出現一道鮮美的魚肉，那是多麼令人雀躍和驚喜！口水都滴到桌上了！可是……，這種機會太少了，為什麼？因為第一，通常池塘不是自己的，不能隨便下去捕魚；第二，假如是公共陂塘或是在河裡捉到大魚，爸爸總會想到要捉去送「頭家」，就是地主，好讓明年的租佃順利。農家的孩子，總是眼巴巴想著何時才有一餐好料的可以吃個痛快啊……。

北部客家地區的灌溉很倚賴池塘，池塘裡較常見的大魚，就是大頭鰱、鯉魚和草魚，現代因養殖技術和飼料的發達，大魚早已不稀奇，下次吃到砂鍋魚頭，講起老人家說的，十萬元比不上一個魚頭的故事，下一代的孩子恐怕一頭霧水吧？

1950 年代新竹鄉間，農人在池塘裡捕到一條大頭鰱，只見他一手提魚、一手拿網，剛泡在池塘裡的褲子還溼漉漉的呢。

晒稈蓆

1950 年代
新竹

稻稈在客家話叫做禾稈,用禾稈編織的蓆子,就叫做稈蓆,稈蓆通常拿來當植物的防風圍籬,或是製成大袋子裝鹽巴或雜糧,也有人拿來當床墊,或是蓋東西保持乾淨。兩隻大番鴨爬上了正在曝晒的稈蓆,一副悠哉樣,這若是準備要當睡墊用途的話,少不得要快快把鴨趕走,不然牠們在上面便便可討人厭了。

禾稈是非常好用的東西,種菜時鋪在泥地上保水並防長草,爛了還可當肥料,蓋房子的泥磚和夯土牆要切一些碎碎的禾稈在裡面增加拉力,捆竹子柴樵的草繩是禾稈打出來的,粗粗的不易滑動,挑擔人穿的草鞋是禾稈做的,客家人保溫用的「茶壽」是禾稈編的,稻子結穗時嚇鳥的「稻草」人也是禾稈的傑作,手藝好的阿公會編草刀草劍給小朋友玩,阿婆醃鹹豬肉要用它墊底,才有特殊客家風味,母雞生蛋喜歡在禾稈堆裡,海邊人要讓烏魚下蛋也得放這稈蓆,牛沒草吃就吃禾稈當乾糧。這去了稻穗的禾稈,看似無用,在生活裡卻是好用得不得了。

而它更是往昔窮苦人家冬天的救命寶貝,睡在禾稈上會保暖,有些人家不編織,直接把禾稈堆在床上睡,有些編成蓆子,就是畫面裡的稈蓆,睡覺用的稈蓆一定要用在來米的禾稈,若用蓬萊米或糯米的,會令人發癢難睡,因此,若有人種在來米,大家就會在割完稻的時候爭相去挑。通常禾稈用一年就會丟棄,因為用久了會潮溼,也會生蟲,丟棄的禾稈可當肥料,真是一點也不浪費。

禾稈這麼多用途,連番鴨都喜歡坐在它上面取暖,傳統無毒的生態農業,讓禾稈可以在每個生活環節派上用場,都不用擔心汙染,今人講的有機循環,莫過如此吧。

1950 年代新竹鄉間,正在曝晒的十幾張稻稈蓆鋪滿一地,蓆子乾爽舒適,吸引了兩隻番鴨在上頭憩息。

蔗擎

不知是要取些木頭回家修房子搭寮子，還是要把木頭送去變賣換一點米鹽，也不知是不是已行過多少上坡下坡，眼前這條山路，可還真是長之又長啊……。

在這樣交通不便的山區裡，要用人力運送木頭、米穀等重物，蔗架，客語稱「蔗擎」，是最好的工具。望文生義，它最早是發明用來運送甘蔗的，「擎」在客語就是舉。甘蔗採收時，工人用蔗擎把大捆大捆甘蔗扛上牛車，送到糖廓去榨糖，東勢地區的客家人稱它為「糖杈」，應該也跟製糖有關，拿來扛糖包。

蔗擎在早期伐木業發揮了很大的功能，因為許多近山丘陵地尚未開路，車子到不了，砍下的木材多要倚賴人力扛出來，有些年輕力壯的男丁，甚至可以用蔗擎一次搬運上百公斤的木頭，非常驚人。

老人家說，做蔗擎最好的木料是「鹽霜桴」，也就是羅氏鹽膚木，因為它的樹形最合適，不太需要火烤整型，乾燥之後材質還有不吸水的特性，就算淋了雨也不會變重。找不到這樹種的，就用相思樹或芭樂樹，木質亦相當有韌性，不易斷裂。

近幾年很多鄉土活動舉辦「擎蔗擎」競走，多數人揹個幾十斤走一小段路就吃不消了，這位苦力走了長長的上坡路後，不知還要走多久呢。

1950 年代新竹沿山地區，一名農人用蔗擎揹木頭一步一步爬上陡坡。

糖廍

1940 年代
新竹

這不是香菇寮，也不是炭窯，是一個甜甜的所在：糖廍。這個用麻竹構築圓錐形棚架，以茅草、稻草或甘蔗葉覆頂的建築，裡面是專門用來榨取甘蔗汁的，屋外地上有成堆的甘蔗，左邊一個工人正在使用「蔗擎」，準備把甘蔗揹到寮裡榨汁。

傳統糖廍的榨汁方法，是以牛隻牽動兩個密合對轉的大石輪，客家話叫做「蔗石」，蔗石中間放置甘蔗，藉由兩石轉動榨蔗出汁，汁液集中成桶，移到旁邊內置大灶的土磚瓦屋熬煮，即成黑糖。

台灣糖業的興起始於荷蘭東印度公司的商業投資，當時荷蘭人提供土地、農具、資金、蔗苗和牛隻等，從中國招募漢人來台開墾，奠定了台灣糖業的雛形。而在天津條約後，台南安平與打狗相繼開港，洋人更開始大量買辦砂糖，在 1890 年，全台糖廍的數量已高達 1,275 間。

日本人來了之後，將糖業現代化、機械化，1911 年之後，財團大舉設立新式糖廠，到了 1941 年，全台已經擁有 50 座機械化的現代糖廠，舊式糖廍逐一關閉，而截至日人投降前，全台傳統糖廍僅剩寥寥數家，1946 年新竹寶山赤糖廠關閉，為台灣老糖廍的歷史畫下句點，不知鄧南光拍到的，會不會就是寶山這最後的糖廍？

清初描繪台灣風俗的古圖中，已可見糖廍內以水牛牽動蔗石榨汁的畫面。（引自滿人六十七監繪之「采風圖」）

1940 年代新竹鄉間一處老糖廍，正是榨糖時節，地上堆了許多等待榨汁的甘蔗，幾名工人有的忙著整理甘蔗，有的正把甘蔗用蔗擎揹入糖廍。

載大肥

1950 年代
新竹

一頭黃牛非常吃力的拉著車子，後面還有個人幫忙推輪子，是什麼東西如此沉重讓大家這麼使勁？哎呀呀，是糞坑裡的大肥（水肥）呀，準備拉到田裡好好的讓田地滋潤一番啊。

傳統農家幾乎家家戶戶都有養豬，豬欄和廁所通常連在一起，豬和人的排泄物，也就混在同一個糞坑，別小看這臭氣沖天的糞坑，它可是最重要的有機肥來源，聽它的名字「大肥」，就知道它有多重要。

每當糞坑稍滿，就得準備挑肥，小戶人家自己用木桶扁擔，幾趟路可以解決，大戶人家就要用到水肥車，讓牛拉到田裡。挑大肥是件苦差事，舀出和傾倒時，那衝天的臭氣會附在衣服和頭髮上，令人作嘔，而挑肥走動時要有技術，步伐得保持極度平衡，最好還喜怒不形於色，否則，兩頭大尿桶裡的糞便潑到自己腳板上可一點也不好玩。

傳統農村本身就是個大大的有機循環，沒有任何東西是垃圾，連糞便都是有用的肥料，滋養土地生長五穀蔬果，人吃了再排泄送回大地，如此良性運轉了數千年，卻在這工業化的短短幾百年內，出現了大變化；如今，以有機耕種拯救健康和地球的反省出來了，但現在受到各種汙染的大肥，要如何才能如往昔般變成真正可用的肥料呢？

環境和健康能否修復的答案，可能就在這雖臭卻無汙染的大肥裡。

1950 年代新竹鄉間，兩名農人和一頭老黃牛，合力拉車運大肥。

練泥

1950 年代
新竹

不論是陶窯工廠所需的原料還是建築所需的泥磚、紅磚,所有的泥胚在成型日晒燒製前,都需要經過練實的步驟,在農業時代,力大又溫馴的牛隻是練土的最好幫手。

工人先從田裡選出黏性較強的黏土,用牛車載到一個特別設計的圓形淺坑旁,加水泡溼黏土後,藉由牛隻的踩踏,讓這些水土充分攪和,並變得結實緊密。練土時,一人控制牛隻的動作和方向,一人負責用鋤頭把旁邊的土鏟進牛踩過的坑洞,以便牛隻繼續練土。

牛在坑裡走動踩土的當下,最怕發生一件事,就是牠想要便便!為什麼呢?因為牛的糞便裡有大量青草,若不小心混在這些土裡,燒出來的陶器就會出現孔洞和明顯的瑕疵,所以,牽牛郎必須很仔細的注意牠是否有要排便的跡象,假如有,要眼明手快趕快拿畚箕盛接起來,可別讓它掉進土裡。畫面最前方地上有一盆深色的不明物,雖不是用畚箕裝,但很可能就是牛糞,這些牛糞也不是廢物,用途很多,除了當燃料,還可以摻泥巴塗抹牆壁和禾埕。

影像中兩側各有帶把的木桶,是要裝水用的,後面有已經成型的陶胚和燒好的磚,很清楚的說明這是在為陶磚廠練土。一般人家假如要練製建築用的泥磚,通常會在自己的水田頭,找一處黏性較好的土方,牽牛去練,然後就在田邊製磚曝晒或是用牛車載回家做磚。不論蓋房子種田,牛隻對人的幫助,真是不可勝數。

1950 年代新竹一處陶磚廠外,工人帶著牛隻練土。

做磚仔

1960 年代
新竹

吃過真正的手工麵包或饅頭嗎？在機器化生產前，手工做的食物特別耐嚼有勁，磚塊也一樣，用人工一塊一塊壓製做出來的，又硬又耐，跟現代的機器磚比起來，老人家說，就像土雞跟飼料雞──沒得比。

明清時代的台灣仍少有磚窯，除非特別有錢的富豪，否則普通人家皆以土泥茅草竹木搭蓋房舍，而建造官舍或城牆的磚塊，大多自閩南海運而來。日本治台後，為了供蓋學校、鐵路及大量官方建物等各種建設之用，燒製磚塊的窯廠遂多了起來。

而民間廣泛使用紅磚的第一個時間點是 1935 年的中部大地震，許多土造民房在地震中倒塌造成嚴重傷亡，稍有能力的人家開始採用磚材。第二個時間點則是 1959 年的八七水災，土磚房不堪長期泡水，遂使紅磚從日本時代紅到光復後，直到 1980 年代鋼筋混凝土興起，才逐漸式微。

這張照片拍攝於磚窯鼎盛的 1960 年代，當時磚塊的規格比今天大，厚二吋、寬四吋、長八吋，就是製磚師傅右手邊磚模的大小，黏土經過水牛練製後，還要用手重甩幾次，讓它更結實，然後取正前方水盆裡的水，抹一些在磚模上，方便等一下脫模。黏土放進模子後，再用桌上那條細線把多餘的土刮平，倒放出模就是磚胚，磚胚需先經日晒再入窯燒製，畫面後方擺在地上的就是在晒太陽。

老一輩工人說，磚窯最盛時期，一大早天還沒亮，各地的牛車就在門口排隊，磚仔一出窯還來不及冷卻就被搶光光，那可真的是名符其實的又紅又熱的紅磚年代！

1960 年代新竹，製磚師傅正在把黏土打實，準備倒入一旁的磚模。

缶窯

1950 年代
新竹

陶窯廠（客語稱缶窯）外堆滿了成品，最左邊是涵管或煙囪管，中間最大量的缸子，可當水缸、米缸或醃缸，左下方較小且有單邊提把的小口甕，可以釀酒或醃菜，整個畫面裡，磚牆、屋瓦、金香爐、高煙囪，沒有一樣不是陶土燒製的。

陶土製品在生活中扮演如此重要角色，清末竹塹地區的生活陶器卻大部分來自大陸，或是鶯歌、苗栗等地，到了日本時代，幾個福州陶匠發現新竹無日用陶窯，但卻有適合設窯的陶土，以及廣大的市場，於是，他們選擇水源、燃料供應及交通皆便利的地點設廠，在新竹市、關西、新埔、竹東、北埔等地遂先後發展出六間較大規模的陶窯廠，其中以金鍊成、林振興為著名商號，直到 1970 年代塑膠業興起，陶製品從家庭退場，這些陶工廠才跟著一一消失。

傳統新竹陶的特色是產品硬度高，厚重耐用，不易滲水，因此極受客家人喜愛，或者，反過來說，窯廠因應客家鄉親要求，產品特別堅固耐用，有些甚至聲名遠播，銷到彰化、宜蘭。

在交通不便的年代，這些笨重的陶缸陶盆，怎樣才能銷售到偏遠家戶呢？有些人家會自己到最近的窯廠購買，但大部分，是由挑擔人用扁擔挑著，一村一村高聲叫賣：「買醃缸啊，盆頭缽仔[1]喔……」。若賣掉一個大缸，還剩一個，那另一頭就得綁個石頭以平衡重量，所以挑石頭賣水缸在早年的農村社會，可一點也不奇怪。

1950、60 年代，有用手拉的兩輪小貨車「里啊卡」，可以裝比較多貨物，但是鄉間有許多上下坡的石路，仍不利陶器運送，因此「核醃缸」的職業一直有其生存空間。

這些陶製品是家庭生活的寶貝，假如有小朋友在水缸醃缸附近頑皮丟石頭玩，鐵定被大人嚴厲斥喝，因為一個缸價值不菲，得來不易，有些還是阿婆當年的嫁妝呢。

1. 盆頭缽仔：盆和缽都是開口較大底部較小的容器，可以放洗好的菜，或是醃菜醃肉。

1950 年代新竹一家陶窯廠，煙囪高聳，甕缸堆疊，磚塊成列。

屋蓋頂

1950
新竹

北部客家話說屋頂叫做「屋蓋頂」，這張畫面上各種形式的屋蓋頂，訴說了傳統建築因應空間用途和經濟預算的不同，而有相異的材料與工法。

在客家的習俗裡，屋脊有凸起燕尾的一般稱「翹鵝翹棟」，通常是祖先有當過官的，或是宗族祠堂才能這樣蓋，而這大屋不僅屋脊上有剪黏裝飾，正身還是兩進式。

它的側邊有保護牆壁的「穿瓦衫」，看那一塊塊的瓦，本來是蓋屋頂用的，現在中間穿了一個洞，用特製竹釘與土牆連接固定，變成像是建築的衣衫，客家話則稱它「吊瓦」。有錢人家用瓦遮壁，普通人家用稻稈、茅草或山棕，叫做「簑衣茅」，意思是房子穿雨衣，用茅草當牆壁的簑衣，主要目的都在防止斜風斜雨摧壞壁面。

而或許是經濟考量，或是地域風向不及此處，側邊護龍有一整塊土牆沒有施作保護，屋脊馬背也較簡約。旁邊屋頂上有疊石頭壓覆瓦片的工法，是一種排列較稀疏，不施石灰黏著，可以省下大量瓦片材料費用的節約工法，通常是較貧苦人家，或是做「閒間仔」像是農具間、晒衣間、豬牛欄等，才會這樣做。而右邊的茅草屋頂則更簡便了，只要去砍娘婆（芒草）回來，晒乾了就可遮風避雨了。

鄧南光找到一個適切的視角，把最經濟的茅草屋與華麗的剪黏燕尾屋脊並列，且構築出生動活潑的視覺幾何，真是巧妙。

1950 年新竹某個聚落的傳統屋舍群，或華麗、或平實、或簡陋，屋脊屋頂壁面，各有表情。

1 燕尾式屋脊，又稱燕仔尾。
2 剪黏
3 吊瓦，又稱「穿瓦衫」。
4 伸手（護龍）的馬背
5 紅磚屋瓦
6 泥牆
7 紅磚屋瓦，未施作石灰黏著，以壓覆石頭來固定。
8 茅草屋頂，上覆竹枝，綁結固定。

街路屑

1960
新竹

寬闊的街邊，地上擺著圓形竹蒸籠在陽光下曝晒，三輪車夫正在保養他的寶貝車子，旁邊婦女側坐著像是在給一個女孩整理頭髮，走廊下兩個人好奇的往攝影者的方向看著，這三者一背一側一正面，各居前中後不同空間層次，正好構成一個小三角，為畫面組合出生動緊湊的構圖，也訴說了那個年代街路的景致。

右邊站著為婦人梳理頭髮的女孩，腳下有個小提籃，看照片的老人家說，這假如不是一家人，就應該是剃頭女正在為客人整理頭髮。以前有許多流動理髮師，男女皆有，他們只要帶著剪刀、剃刀、磨刀石、梳子，就可以出門做生意。

以前的理髮師為何是流動的呢？因為剃頭剪髮的價錢低廉，定駐在人口有限的小村子通常無法謀生，所以只好出門走動做生意。在更早的年代，有些理髮的代價不是金錢，而是在每年收成時，用穀子折給他，所以剃頭師通常固定「巡迴」某地，往往全家人或全村是給同一個剃頭師整理頭髮的。

舊社會對某些特定職業有偏見，比如牽豬哥、喪葬行業、唱戲等，剃頭也是其中之一，一般家庭都不願與這些行業的人聯姻。客家諺語有一句「豬哥錢，剃頭米，吃了沒好死」，豬哥錢是指把公豬牽到農家與母豬交配賺的錢，剃頭米就是剃頭的酬勞；閩南話說「第一衰，剃頭、歕鼓吹」，歕鼓吹是喪葬行業中吹嗩吶的，這些都說明了農業時代對剃頭行業的極度鄙視。

這是什麼原因呢？是否因為以前人的衛生習慣不好，頭髮髒亂，臭頭長癩很普遍，因此這個要接觸臭頭的行業就被認為很衰呢？還是因為他只要輕易使一使刀就可以收錢，而被認為跟牽豬哥一樣是在賺容易錢呢？

三輪車的車夫得渾身出汗費勁踩踏，才能賺取生活所需，在舊社會他們雖被看做苦力，但並不會遭到太大歧視。到了現代，司機仍是普通藍領階級，但是髮型設計師，可已經是高收入的巧藝行業，入這行的人可要慶幸生對了時代，才不會連婚嫁都有問題。

1960 年，新竹某地路邊的景致。

獅巖洞

1950 年代
新竹

一群人來到古樸的山寺，迫不及待在正殿走廊坐下來喝杯茶，寺眾們在石板庭院剝花生晒，一邊有準備修繕的砂石，這是北台灣佛教勝地，位處竹苗兩地交界的獅頭山眾多山寺中，歷史最悠久、海拔位置最高、現名元光寺的獅巖洞。

顧名思義，「巖洞」是依著山穴所建造的佛地，傳說光緒年間，有位偏名大憨的邱姓大溪人來到南庄抽藤焗腦[1]，他在獅頭山的高處發現這個岩洞位置隱密，遂在伐樟焗腦時與同伴駐紮於此。

當時被漢人用槍桿子驅逐的原住民，三番兩次想回來尋仇殺腦丁[2]洩憤，持著刀踩踏在藤攀巨木的密林山間，卻怎麼樣也找不到這岩洞，過了很久，邱大憨輾轉知道大家因岩洞庇佑逃過大劫，深感此處非尋常之地，遂在 1892 年（光緒 18 年）就地結庵禮佛，後蒙地主捐地，漸次建寺，而成為獅頭山佛境開山始祖。

獅巖洞一直到 1975 年才有汽車道路通到廟前，在此之前，皆靠人力一刀一鋤墾闢小徑和山園，建廟所有一磚一瓦都從山下挑來；不僅如此，連早期好不容易從香港請來的一套《大藏經》，郵局都不肯送，於是全寺眾下山到南庄，一人手持一本，走回標高 498 公尺，有 3,600 階石梯的元光寺，被傳為美談。

獅巖洞在 1950 年代改建成二樓佛殿，這張照片的拍攝年代應早於此，當時，鄧南光和攝影同好同遊獅頭山，應該也是走了長長的山路，一步步拾階而上，才來到這蒼翠映人的開山祖地，為它素樸古典的舊貌留下珍貴的紀念。

1. 抽藤：採收黃藤後要剝皮，故稱抽藤，黃藤大量用於家具和繩索製作；焗腦：砍伐樟木削成片，再蒸餾出腦油和腦砂。
2. 腦丁：伐樟焗腦的工人。

1950 年代，獅頭山獅巖洞古寺前的香客、遊客和寺眾。

鄧南光
年表

1908	12 月 5 日出生於新竹北埔，本名鄧騰輝。
1922	北埔公學校（今北埔國小）畢業，為第 19 屆畢業生。
1924	赴日於東京名教中學就讀，購買柯達「Kodak Autographic Camera」。
1929	入東京法政大學經濟學部就讀，預科二年，本科三年。參加學校攝影社團，購買中古徠卡 A 型相機，接觸當代攝影思潮「新興寫真」的觀念並受影響。
1931	返台與潘慶妹女士結婚。
1932	長子鄧世光誕生後赴日繼續學業。首次投稿日本《CAMERA》雜誌，「酒館裡的女郎」獲得入選。加入「全關東寫真聯盟」成為會員，參加法政大學攝影社「第三回趣味寫真展」。
1933	參加法政大學攝影社「第四回趣味寫真展」。
1934	作品陸續入選《徠卡月刊》寫真雜誌。加入「全日本徠卡協會會員」。參與「全關東學生寫真聯盟」的設立並為會員。參加在東京博物園的「野外攝影實驗會」。作品「海濱速寫」入選「第一屆上海國際攝影展」十等獎。參與「全日本徠卡協會展覽會」第一回展覽會。
1935	以「路傍一景」作品，參加「東京寫真研究會第 3 回自由作品展覽會」。以「舞廳的一角」、「龍旗頭」、「夏日姿影」三件作品參加「全日本徠卡協會展覽會」第二回展覽會。
	回台，在台北市舊名京町、今博愛路開設「南光寫真機店」，開始拍攝故鄉北埔以及北台灣城鄉庶民。
1937	加入「全關西寫真聯盟台灣支部」。8 釐米作品「漁遊」、「動物園」獲選第三回「全日本 8mm 映畫競賽」佳作獎。
1944	取得「台灣總督府登錄寫真家」證件，可於太平洋戰爭期間在公開場合進行拍攝。
1945	戰事激烈，關閉寫真店，回北埔故鄉，任職「竹東茶業組合」。
1946	光復後於台北市衡陽路重開「南光照相機材店」，持續攝影，與李火增等人組「徠卡俱樂部」，為台灣光復後最早期的攝影同好會之一。
1948	《台灣新生報》舉辦三週年攝影比賽，張才第一名，鄧南光、李鳴鵰並列第二，三人因此被冠予「三劍客」之稱號。
1949	任「第四屆台灣省運」攝影記者。
1951	被聘為戰後第一個文化性的人民團體組織「台灣文化協會」攝影委員會主任委員。任「自由中國美術展覽會」攝影審查委員。第一屆台灣省攝影展覽會在台北市中山堂舉行，任審查委員。
1952	與張才、李鳴鵰出資舉辦「台北攝影月賽」，擔任評審前後達十年之久。
1953	與李釣綸、蔡子欽、楊天賜、詹炳坤等攝影同好創辦「自由影展」，每週舉辦講習，每月舉辦作品觀摩。任「中國攝影學會」在台復會發起人之一。
1954	當選中國攝影學會理事。第一屆「自由影展」於台北博愛路的美而廉畫廊展出，

至今不輟。

1957　編著《最新照相機指南》一書。「台北攝影沙龍」成立，任評審委員。

1960　結束店面經營，入台北「美國海軍第二醫學研究所」負責醫學攝影。

1962　編著《攝影術入門》一書。

1963　鑑於台灣尚無整體性的攝影團體，發起設立「台灣省攝影學會」，並任首屆理事長直到過世為止，共連任七任。

1966　獲台灣省攝影學會頒發「榮譽優秀學士」、「台北市攝影學會」頒發「榮譽博學會士」。

1971　6 月 17 日因心臟病突發逝世，享年 64 歲。

1986　新聞局《光華》雜誌刊載張照堂撰文之〈鄧南光──浪漫且落實底靈魂〉圖文，刊出後各界驚嘆，並引發對台灣攝影文化發展脈絡研究的重視。

1989　躍昇出版社出版《台灣攝影家群象》，鄧南光被列為全系列首冊。

1990　台北夏門攝影藝廊策劃「鄧南光 1929-1935，一位台灣留學生東京遺作展」，首次發表鄧南光東京時期作品，引發日本媒體報導。

1992　作品為台北市立美術館、台灣省立美術館典藏。

1993　作品參展於台北縣立文化中心「看見淡水河」攝影展、攝影集。

1994　東京土井藝廊展出「鄧南光──埋沒的影像」。

1995　與張才作品同參展於巴黎「洗衣坊畫廊」。作品參展於清華大學「那個時代──竹塹映像」展，由藝術家出版社出版專刊。

1996　台北國際攝影節舉辦「台灣前輩攝影家鄧南光遺作展」。

1997　作品參展於台北市政府「女人、台北」攝影展、攝影集。

1998　作品參展於台北市政府「看見原鄉人──台北客家光影紀事」攝影展、攝影集。作品參展於台北市政府「老、台北、人」攝影展、攝影集。

1999　作品參展於台北市政府「認真的台北人」攝影展、攝影集。

2000　故鄉北埔舉辦人文產業活動「北埔膨風節」，於舊家「柑園」舉辦鄧南光攝影展，為作品首次歸鄉展覽，展覽作品集結為《鄧南光影像故事》一書。

2001　作品參展於新竹市政府「風中舞影」攝影展、攝影集。

2002　由行政院文建會策劃，雄獅美術出版傳記《鄉愁・記憶・鄧南光》。

2007　台北市立美術館舉辦「凝視的浪漫──鄧南光百歲紀念展」並出版專書。

2008　鄧南光影像紀念館於其舊居「柑園」揭幕。

2009　「行政院客家委員會客家文化發展中心」於其籌備階段時完成「20 世紀（1975 年之前）臺灣客籍攝影家調查暨數位典藏計畫──鄧南光部分」。

2012　《看見北埔・鄧南光》出版。

北埔姜家系譜

以本書內容提及之男丁為主，
登錄至十八世（與鄧南光同輩者）：
配偶姓名，僅登錄本書內容提及者。

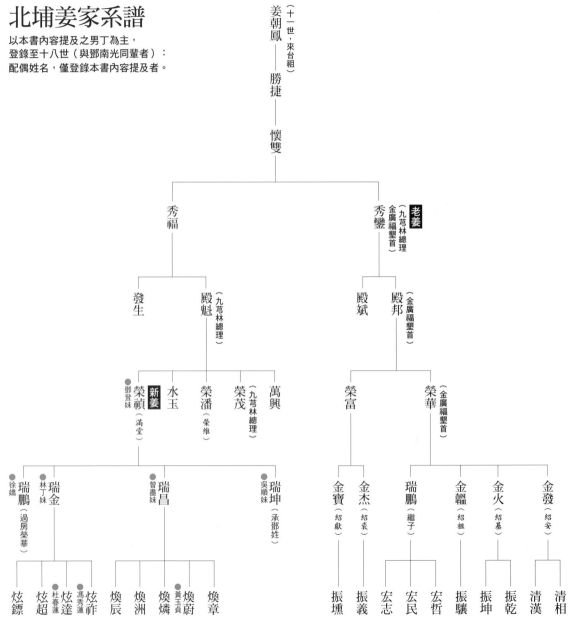

新姜家族的由來

1835 年（清道光 15 年），九芎林總理姜秀鑾率領數百人馬攻下北埔，建隘防「番」，同年並與閩籍墾戶合設「金廣福」墾號，開始姜家在北埔發展史上近大半世紀的顯赫事跡。

鄧南光的祖父姜滿堂，本名姜榮禎，是姜秀鑾的弟弟姜秀福的孫子，也就是說，姜滿堂要稱姜秀鑾為伯公，他與北埔姜家第三代領導人姜榮華同輩，在輩分上是抗日英雄姜紹祖的叔叔。

姜秀福一系一直在芎林發展，姜滿堂年幼時雙親皆已亡故，十來歲時隻身從芎林來北埔，在沒有得到伯公家族的奧援下，他當過長工、雜工、賣過豬肉。當時廟前街住有廣東來的漢文老師鄧吉星，見他長得高大並極有口才，遂把女兒鄧登妹許配給他，並約定長子姓鄧，就是鄧南光的父親。

鄧吉星出資讓兩人在廟口做生意賣雜貨，店名「榮和」，由於經營得當，姜滿堂夫妻在短短十幾年內，累積了龐大資產，除不斷購地成為新一代地主，還讓第二代姜瑞昌、姜瑞金率先接受新式日本教育，很早期就進入台北的總督府國語學校師範部就讀，畢業後在公學校任職，又轉步入政壇，並經營茶業，影響了北埔政經的發展，第三代也就是鄧南光這一代，只要是男孩全數送往日本留學，可見財力之雄厚。

姜滿堂建立的家族崛起較晚，被地方人稱為新姜，姜秀鑾家族是為老姜，從日本時代到光復初期，新姜家族在北埔政壇頗為風光，日本時代的庄長、州協議會議員、光復後的議員、副議長、鄉長、代表都不乏其家人，姜滿堂家族能夠從一代之間崛起，輝煌於三代，地方皆謂為傳奇。

鄧南光家譜

以男丁為主
登錄至鄧南光下一代

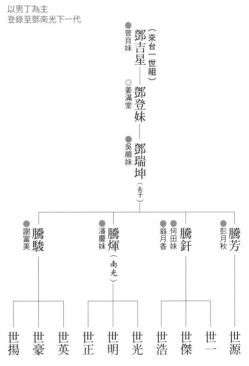

圖版
索引

以下所列本書攝影家圖片，主要選自「20世紀（1975年之前）臺灣客籍攝影家調查暨數位典藏計畫」，此計畫為「行政院客家委員會客家文
化發展中心」於其籌備階段時於民國97至98年期間委辦之計畫，共完成鄧南光等11位客籍攝影家共約47000張圖檔及後設資料之數位化工作，
相關成果已彙整至「臺灣客家文化中心典藏管理系統」。
圖片下方標示依序為本書頁碼，「20世紀（1975年之前）臺灣客籍攝影家調查暨數位典藏計畫」圖檔檔號。少數圖片僅標示頁碼，則為作者
撰文過程中，由攝影家代表人或收藏者另外提供。

P8
thcc-hp-dng00001

P10

P11
thcc-hp-dng08770

P12
thcc-hp-dng08771

P13

P14

P15
thcc-hp-dng03286

P16
thcc-hp-dng00130

P18
thcc-hp-dng00010

P20, P37
thcc-hp-dng01601

P23
thcc-hp-dng01588

P25
thcc-hp-dng06626

P27
thcc-hp-dng06608

P29
thcc-hp-dng01598

P31
thcc-hp-dng01595

P33
thcc-hp-dng01599

P35

P39

P41
thcc-hp-dng01587

P43
thcc-hp-dng06579

P45
thcc-hp-dng06578

P47
thcc-hp-dng06615

P49
thcc-hp-dng01594

P51
thcc-hp-dng01597

P53
thcc-hp-dng01602

P55
thcc-hp-dng07359

P57
thcc-hp-dng07443

P59
thcc-hp-dng01609

P61
thcc-hp-dng01591

P63

P65
thcc-hp-dng01593

P67
thcc-hp-dng06599

P69
thcc-hp-dng06600

P71
thcc-hp-dng06605

P73
thcc-hp-dng06606

P73
thcc-hp-dng06607

P75
thcc-hp-dng06609

P75
thcc-hp-dng06610

P77
thcc-hp-dng06618

P79
thcc-hp-dng06612

P81
thcc-hp-dng06614

P83

P85
thcc-hp-dng06617

P86, P105

P89
thcc-hp-dng01282

P91

P93

P95
thcc-hp-dng01316

P97
thcc-hp-dng06589

P99
thcc-hp-dng06661

P101
thcc-hp-dng06670

P103
thcc-hp-dng06680

P103
thcc-hp-dng06675

P107

P109
thcc-hp-dng07117

P109
thcc-hp-dng01286

P111
thcc-hp-dng07101

P111
thcc-hp-dng07106

P113

P115
thcc-hp-dng07445

P117
thcc-hp-dng07450

P119
thcc-hp-dng07452

P121
thcc-hp-dng06436

P123
thcc-hp-dng06427

P125
thcc-hp-dng06375

P127
thcc-hp-dng06493

P127
thcc-hp-dng06510

P129
thcc-hp-dng01590

P131
thcc-hp-dng06425

P133
thcc-hp-dng06460

P135

P137
thcc-hp-dng06364

P139
thcc-hp-dng06356

P140, P173
thcc-hp-dng07612

P143
thcc-hp-dng01592

P145
thcc-hp-dng06941

P147
thcc-hp-dng07024

P149
thcc-hp-dng07158

P151
thcc-hp-dng07088

P153
thcc-hp-dng06995

P155
thcc-hp-dng07355

P157
thcc-hp-dng07498

P159

P161
thcc-hp-dng07486

P163
thcc-hp-dng07648

P165
thcc-hp-dng07619

P165
thcc-hp-dng07618

P167
thcc-hp-dng07185

P169
thcc-hp-dng06954

P171
thcc-hp-dng07537

P175
thcc-hp-dng07577

P177
thcc-hp-dng07759

P179
thcc-hp-dng07568

P181
thcc-hp-dng07589

P183, P184
thcc-hp-dng07781

P184
thcc-hp-dng07814

P184
thcc-hp-dng07783

P184
thcc-hp-dng07782

P185
thcc-hp-dng07779

P185
thcc-hp-dng07778

P185
thcc-hp-dng07786

P185
thcc-hp-dng07785

P185
thcc-hp-dng07790

P185
thcc-hp-dng07801

P187
thcc-hp-dng07804

P189
thcc-hp-dng02072

P191
thcc-hp-dng07021

P193
thcc-hp-dng07155

P195

P197
thcc-hp-dng07430

P199
thcc-hp-dng07662

P201
thcc-hp-dng06960

P203
thcc-hp-dng07206

P205
thcc-hp-dng07179

P207
thcc-hp-dng07257

P209
thcc-hp-dng07749

P211
thcc-hp-dng07100

P213

P215
thcc-hp-dng07519

P217
thcc-hp-dng06230

P219
thcc-hp-dng06232

P221
thcc-hp-dng06980

P223
thcc-hp-dng07440

P225
thcc-hp-dng06797

轉去老庄頭

古少騏

像搭著時光機，隨著鄧南光的影像，有大半年的時間，我回到了 1930 年代到 60 年代的新竹，這過程，既快樂，又痛苦。

這些黑白照片是時光通行票，帶你進入先祖生活過的客家庄，但遺憾的是，大部分票券有如天書，頗難對號入座，持了票得要自己想些辦法找到入口，過程裡往往敲門引頸、尋路拐彎、左右岔行、前後逡巡、復以三覓四問，方能勉強定出個票券的時間經緯和內容大概，然後，才終於能夠持票好好看懂這齣戲。

在這大半年時光裡，偶爾揣想，偵探的工作是什麼樣子？這樣的日子是不是有點像文化柯南：反覆推敲觀看這些影像，不斷重新分類、修正，然後，循著各種線索和各色人等的指示，明查暗訪，最終做出判讀，好像在為影像解謎。

例如，喪禮。鄧南光拍了祖母、父親、母親、二嫂的喪禮。這些底片資料全部混在一起，可得如何分類辨識？在我有限的經驗裡，判斷這些影像是極其罕見的客家喪葬紀實，頗有弄清楚的必要和價值，於是，人物生卒年、孝子身分、隨行親人、出殯地點、街景器物、加上喪葬習俗和流程的對比，林林總總先一一尋著了，再抽絲剝繭爬梳條理，選出值得傳述的代表畫面和環節，訂出排序邏輯，始得管窺昔日北埔「送行」面目。

再如義民廟篇，選片之初，並不預設可選出這麼多相關作品，但是深究後，發現鄧南光前後相隔 28 年進行兩次拍攝，各有特殊意義，而且大部分照片，連義民廟自己都沒有。

紅茶的製造生產，曾在光復前後的新竹大放異彩，支撐了地方經濟，但現在去參觀關西紅茶工廠，大廠房裡只有圖文看板，去峨眉富興老茶廠，幸留有部分機具，整體擺設卻失去工廠流程的原汁原味，鄧南光的紀實，彌補了這個空缺。

隨著這些訪查，接觸到家族、祭祀、生命禮俗、產業、農事、生活各種廣泛領域，也遇見各領域熱心協助的「老」朋友，這些最後的文字資料可說是眾人集體貢獻的成果，在影像的判斷和解讀，他們功不可沒。

過程裡與地方老者一起回憶過往，接收寶貴的舊日農村生活經驗，聽到罕用的客語詞彙，這些常讓我感到不可名狀的深深幸福，但也總與他們有著一樣的感觸：時代走的快，許多圖像，若不趁現在多做些口述訪調，再過個十年，老人們走光了，許多照片就真的變成看不了戲的廢券：老庄頭，就真的再也回不去了；而這一百多張，只是鄧南光一萬多張作品的百分之一，我們的影像偵探工作，才走在這 0.01 的起點啊……

【致謝】(按筆畫排序)

田宏江、北埔天主堂、北埔基督教會、朱旭威、朱巫盡妹、朱榮輝、何永福、宋建和、李秀惠
林元妹、姜成欣、姜成佼、姜宏民、姜杜春蓮、姜良旭、姜信淇、姜員妹、姜烘楷、姜維經
姜肇宣、徐蘭香、莊士敦、陳文政、陳嘉康、彭金水、彭振枝、彭乾道、曾正章、黃秋仁、葉裁
廖運潘、劉文鈞、劉家龍、劉燕明、潘慶妹、蔡雲鎏、鄧世一、鄧世光、鄧世浩、鄧世傑、鄧秀玉
鄧春貴、鄧錦淵、謝富美、顏學理、羅月慧

【參考書目】

《渭水瀛芳姜氏族譜》，1954。

《日本帝國主義下的台灣》，矢內原忠雄著，周憲文翻譯，台北：帕米爾書店，1987。

《新埔鎮誌》，林柏燕主編，新竹：新埔鎮公所，1997。

《台灣的客家戲》，黃心穎，台北：台灣書店，1998。

《大陸地區聚落與生活方式的變遷》，吳育臻，新竹：新竹縣文化局，2000。

《金廣福墾隘研究（上、下）》，吳學明，新竹：新竹縣立文化中心，2000。

《清末北埔客家聚落之構成》，梁宇元，新竹：新竹縣立文化中心，2000。

《北埔情懷》，陳嘉康，新竹：作者印行出版，2001。

《鄉愁、記憶、鄧南光》，張照堂，台北：雄獅圖書股份有限公司，2002。

《天水堂十一世渡台祖姜朝鳳公派下族系譜》，2003。

《北埔新姜的故事》，姜成佼，苗栗竹南：作者印行出版，2003。

《北埔鄉志》，北埔鄉公所，新竹：新竹縣北埔鄉公所印行，2005。

《北埔鄉土誌》，島袋完義著，宋建和譯，新竹：新竹縣文化局，2006。

《義魄千秋：2005 褒忠亭義民節大隘聯庄祭典專輯》，黃卓權主編，新竹：2005 褒忠亭義民節大隘聯庄祭典委員會，2006。

《茶、糖、樟腦業與臺灣之社會經濟變遷》，林滿紅，台北：聯經出版事業股份有限公司，2006。

《地方菁英與地域社會──姜阿新與北埔》，吳學明，新竹：新竹縣文化局，2007。

《新竹地區客家人媽祖信仰之研究》，范明煥，新竹：新竹縣文化局，2009。

國家圖書館出版品預行編目資料

看見北埔.鄧南光 / 鄧南光攝影；古少騏撰文
.-- 初版 -- 苗栗縣銅鑼鄉：客委會客發中心
, 2012.01
240 面；24X19 公分 .--（客庄生活影像故
事；1）
ISBN 978-986-03-0482-4（平裝）
1. 客家 2. 生活史 3. 照片集 4. 新竹縣北埔鄉

536.211/7   100025403

客庄生活影像故事 1

看見北埔

鄧南光

攝影：鄧南光
撰文：古少騏
審訂：陳運棟、陳板、鄭林鐘

出版者：客家委員會客家文化發展中心
發行人：傅兆書
行政執行：何育興、麥杰安、陳韻如
地址：苗栗縣銅鑼鄉九湖村銅科南路 6 號
電話：037-985558

製作發行：遠流出版事業股份有限公司
發行人：王榮文
編輯製作：台灣館
總編輯：黃靜宜
主編：張詩薇
編輯：李淑楨
美術設計：雅堂設計工作室
繪圖：官月淑
企劃：叢昌瑜、葉玫玉
行銷：鄭明禮、李立祥

諮詢委員：鍾鐵民、范文芳、邱彥貴

台北市 100 南昌路二段 81 號 6 樓
電話：（02）2392-6899
傳真：（02）2392-6658
郵政劃撥：0189456-1
著作權顧問：蕭雄淋律師
法律顧問：董安丹律師
輸出印刷：中原造像股份有限公司
2012 年 1 月 初版一刷
ISBN 978-986-03-0482-4
GPN 1010100014
定價 380 元
行政院新聞局局版臺業字第 1295 號
（若有缺頁破損，請寄回更換）
有著作權‧侵害必究
Printed in Taiwan

ylib 遠流博識網
http://www.ylib.com E-mail: ylib@ylib.com